ADOLPHE JOANNE

GÉOGRAPHIE

DU CHER

12 gravures et une carte

HACHETTE ET Cⁱᴱ

GÉOGRAPHIE

DU DÉPARTEMENT

DU CHER

AVEC UNE CARTE COLORIÉE ET 12 GRAVURES

PAR

ADOLPHE JOANNE

AUTEUR DU DICTIONNAIRE GÉOGRAPHIQUE ET DE L'ITINÉRAIRE
GÉNÉRAL DE LA FRANCE

PARIS

LIBRAIRIE HACHETTE ET Cⁱᵉ

79, BOULEVARD SAINT-GERMAIN, 79

—

1880

TABLE DES MATIÈRES

LISTE DES GRAVURES

1149. — Typographie A. Lahure, rue de Fleurus, 9, à Paris.

DÉPARTEMENT

DU CHER

I. — Nom, formation, situation, limites, superficie.

Le département du Cher doit son *nom* à la rivière du Cher, qui le traverse du sud-est au nord-ouest.

Il a été *formé*, en 1790, d'une partie du **Berry** (691,547 hectares) et d'une petite portion du BOURBONNAIS (21,800 hectares). 6 596 hectares ont été pris au NIVERNAIS et à l'ORLÉANAIS.

Il est *situé* dans la région centrale de la France (le centre géométrique de la France, autant qu'on peut en déterminer un, se trouve près de Saint-Amand, à Bruère), entre 46° 25′ 36″ et 47° 37′ 30″ de latitude, et entre 0° 44′ 30″ de longitude est et 0° 34′ de longitude ouest.

Il est *borné :* au nord, par le département du Loiret ; à l'est, par celui de la Nièvre ; au sud, par ceux de l'Allier et de la Creuse ; à l'ouest, par ceux de l'Indre et de Loir-et-Cher. Son chef-lieu, Bourges, est à 232 kilomètres de Paris par le chemin de fer, à 200 seulement à vol d'oiseau. A l'est, le cours de l'Allier et celui de la Loire le séparent du département de la Nièvre. Au nord-ouest, le Beuvron le sépare en partie de Loir-et-Cher. Sur tous les autres points, ses limites sont conventionnelles.

Sa *superficie* est de 719,943 hectares ; sous ce rapport, c'est le 15ᵉ département. Sa plus grande *longueur*, de Préveranges à Brinon-sur-Sauldre, est de 133 kilomètres. Sa plus grande *largeur*, de Graçay à la Charité (Nièvre), est de 93 kilomètres. Son *pourtour* est de 533 kilomètres.

II. — Physionomie générale.

Souvent dissimulé sous les argiles des terrains tertiaires, le sol jurassique occupe de beaucoup la plus grande partie du Cher, où il forme le vaste quadrilatère compris entre Saint-Janvrin (près de Châteaumeillant), l'entrée du Cher dans le département, Savigny (canton de Léré) et Graçay. L'ensemble de ces terrains, appartenant aux lias et aux trois étages oolithiques, se présente généralement sous la forme d'un plateau peu mouvementé, d'une hauteur de 140 à 200 mètres. Ce plateau central est borné, au nord, par les terrains tertiaires de la Sologne, qui occupent, comme étendue, la seconde place dans le département. Entre la Loire et les plateaux jurassiques et tertiaires, se dresse la puissante chaîne de collines d'Humbligny, qui appartient, avec une partie du pays de Sancerre, à la formation crétacée; enfin l'étage supérieur du terrain triasique, celui des marnes irisées, sépare, au sud du département, le plateau jurassique des terrains granitiques de six communes: Vesdun, Culan, Saint-Saturnin, Sidiailles, Saint-Priest et Préveranges, derniers contre-forts du plateau granitique de la France centrale. On trouve de grands dépôts d'alluvions modernes dans le val de la Loire et dans les vallées du Cher, de l'Arnon, de l'Aubois, de l'Auron et de l'Yèvre.

Le département du Cher, au centre et à l'ouest, est peu accidenté : des collines peu élevées, des coteaux, y inclinent en pente douce leurs versants vers le bord des rivières. Au sud, les chaînes de l'Allier et de la Creuse rattachent les collines du Cher aux montagnes de la France centrale, dont elles forment les premières assises. Le chaînon granitique qui pénètre dans le Cher, à l'angle sud-ouest, entre Saint-Priest et Préveranges, y donne naissance à l'Indre et renferme les points culminants du département : le *mont de Saint-Marien*, d'où

Bourges.

descendent l'Indre et le Béroux, tributaire de la petite Creuse, et qui s'élève sur les frontières de la Creuse, à 3 kilomètres au sud-est de Saint-Priest, atteint 508 mètres, et un grand nombre de sommets ont de 450 à 500 mètres. De beaux sites se font remarquer dans les vallons encaissés où coulent l'Indre, la Taissonne, la Joyeuse et l'Arnon.

Par leur hauteur et par leurs formes accentuées et pittoresques, d'autres massifs se distinguent des chaînes de collines basses, écrasées et monotones qui sillonnent le pays ; ce sont : — 1° le massif de collines jurassiques, à pentes très raides vers le sud, qui domine Saint-Amand, la vallée de la Marmande et celle du Cher : le point culminant, le *mont du Belvédère,* ou *Tour Malakoff,* près de Saint-Amand, a 328 mètres ; — 2° le massif de collines crétacées d'où descendent les deux Sauldre, au sud-ouest de Sancerre, qui atteignent leur plus grande hauteur à la *Motte d'Humbligny* (434 mètres) et à la montagne de Neuilly-en-Sancerre (427 mètres), et dont un certain nombre de sommets dépassent 350 mètres ; — 3° le massif sur l'un des plus hauts mamelons duquel (275 mètres) est bâtie Sancerre et qui se profile hardiment du côté de la Loire.

Le plateau central jurassique du département offre, en général, une surface uniforme, où se creusent des vallées, telles que celles du Cher, de l'Arnon, de l'Auron, ayant rarement une profondeur moyenne de plus de 15 à 20 mètres et présentant quelques paysages gracieux. Extrêmement riche en mines de fer, ce plateau, médiocrement fertile, est tantôt nu, tantôt recouvert de bouquets d'arbres, de taillis et de forêts. Au nord des collines crétacées de Morogues et de celles que revêt la vaste forêt d'Allogny, le terrain, changeant de nature, change aussi d'aspect : on entre dans la **Sologne**. Cette région, d'une infertilité proverbiale, mais dont le sol a été bien amélioré depuis 20 ans, ne renferme pas, dans le département du Cher, autant d'étangs que la Sologne du département de Loir-et-Cher ; se relevant vers une ligne de faîte trois fois plus élevée que celles d'où descendent, dans Loir-et-Cher, les tri-

butaires du Beuvron (la rivière solognote par excellence), les
terrains y ont plus de pente, les plateaux y sont plus mouve-
mentés, et, si le sous-sol argileux y rend les terres froides et
humides et l'air insalubre, on trouve encore dans les vallées
des deux Sauldre, de la Nère et de leurs affluents, des champs
fertiles, de jolies prairies et des eaux courantes.

Sur la rive gauche de l'Allier et sur celle de la Loire, dont
la plaine s'appelle dans le pays le *Val*, s'étendent de belles
campagnes, d'une admirable fécondité.

III. — Cours d'eau ; canaux.

Toutes les eaux du département du Cher se dirigent vers
la Loire, soit directement, soit par le Beuvron, le Cher et
l'Indre. La Loire, l'Allier et le Cher sont navigables.

La **Loire** est un grand fleuve. Elle naît trois fois plus près
de la Méditerranée que de l'Atlantique, dans les montagnes du
département de l'Ardèche, sur le flanc du Gerbier-de-Joncs,
haut de 1,562 mètres, qui fait partie de la chaîne des Cévennes.
L'altitude de sa première fontaine est de 1,373 mètres. Avant
d'atteindre le département du Cher, elle arrose ou borde six
départements, l'Ardèche, la Haute-Loire, la Loire, Saône-
et-Loire, l'Allier et la Nièvre. Dans un cours dirigé, en
moyenne, d'abord vers le nord-nord-est, puis vers le nord-
nord-ouest, elle laisse à gauche le Puy-en-Velay, à droite
Saint-Étienne-en-Forez, baigne Roanne et Nevers. Quand elle
commence à toucher par sa rive gauche le département du
Cher, où elle ne pénètre point mais qu'elle sépare du département de la Nièvre, elle a parcouru à peu près le tiers de sa
longueur, qui dépasse un peu 1,000 kilomètres.

Pendant 91 kilomètres, la Loire appartient, par sa rive
gauche, au département du Cher, du confluent de l'Allier
jusqu'un peu au delà de Belleville. Sa rive droite est do-
minée généralement par des collines assez élevées, tandis que
la rive gauche est bordée par une plaine où passe le canal

Latéral à la Loire. De ce côté, les bourgs et les villages, que menacent les inondations de la Loire, ne sont pas bâtis au bord du fleuve, mais sur le canal Latéral qui suit le pied des coteaux.

C'est par 172 mètres d'altitude que la Loire commence à toucher le territoire du Cher. En face de Fourchambault (Nièvre), son niveau est de 168 mètres ; il est de 160 devant la Charité (Nièvre), de 154 devant Pouilly (Nièvre), de 150 au pont de Saint-Thibault, au pied de la colline de Sancerre, de 146 devant Cosne (Nièvre), de 137 à sa sortie du département.

La largeur de la vallée, dans la partie contiguë au Cher, varie entre 1,500 et 4,000 mètres. Le fleuve, généralement peu profond (bien que navigable ou censé tel) et parfois très-élargi par des îles, a une largeur moyenne de 700 à 800 mètres. Des levées ou digues sont destinées à arrêter les inondations. Un canal Latéral (*V.* p. 19) assure en tous temps le service de la navigation.

La Loire baigne, dans le département du Cher, le territoire des communes de Cuffy, Cours-les-Barres, Saint-Germain-sur-l'Aubois, Marseille-lès-Aubigny, Beffes, Saint-Léger-le-Petit, Argenvières, la Chapelle-Montlinard, Herry, Couargues, Saint-Bouise, Thauvenay, Ménétréol-sous-Sancerre, Saint-Satur, Bannay, Boulleret, Léré, Sury-près-Léré et Belleville.

De sa sortie du département du Cher jusqu'à la mer, la Loire traverse encore cinq départements, le Loiret, Loir-et-Cher, Indre-et-Loire, Maine-et-Loire, la Loire-Inférieure. Changeant de direction, elle se porte vers l'ouest, baigne Gien, Orléans, Blois, Amboise, Tours, Saumur, passe près d'Angers, à Ancenis, à Nantes. Là, elle commence à se transformer en un estuaire qui acquiert successivement 2,500, 3,000, 4,000 mètres de largeur, puis se resserre à 2,000 mètres au point où elle entre dans l'Atlantique, à Saint-Nazaire, à 53 kilomètres en aval de Nantes, à l'issue d'un bassin de 11,515,000 hectares, c'est-à-dire plus du cinquième de la France.

La Loire est un fleuve capricieux. Au-dessus du point où la marée lui donne plus de profondeur et de régularité, et notamment en amont du confluent de la Maine, elle ne couvre son lit qu'à la suite des grandes pluies, des fontes de neige, au printemps et quelquefois en été. Alors elle est terrible, et peut rouler jusqu'à 10,000 mètres cubes d'eau par seconde, c'est-à-dire 10 millions de litres d'eau ; tandis qu'à l'étiage, autrement dit aux eaux très basses, on la voit descendre à 25 mètres cubes par seconde devant Orléans, à 50 au-dessous du confluent de la Vienne. En somme, la moyenne de son débit, étiage et crues compris, est de 985 mètres cubes d'eau par seconde.

La Loire a pour affluents, dans le département du Cher, l'Allier, l'Aubois, la Vauvise, la Belaine, le Moulin-Neuf ou les Buteaux, la Judelle, la Balance ; et, hors du département, le ruisseau de Maimbray, la Notre-Heure, le Beuvron, le Cher et l'Indre. Ces affluents débouchent tous par la rive gauche, puisque la rive droite appartient au département de la Nièvre.

L'**Allier** est une des plus grandes rivières de la France, en même temps que l'affluent le plus long et en moyenne le plus abondant de la Loire. Son cours est de 410 kilomètres, dans un bassin de 1,400,000 hectares, mais 20 kilomètres seulement appartiennent au Cher, et par une seule rive, la rive gauche (la rive droite appartenant à la Nièvre). Il prend sa source à 1,423 mètres, dans la Lozère, coule vers le nord, plus ou moins parallèlement à la Loire, dont il est séparé par la chaîne des monts du Velay, du Forez et de la Madeleine, et traverse ou longe six départements : la Lozère, la Haute-Loire, le Puy-de-Dôme, l'Allier, la Nièvre et le Cher. Il baigne Brioude, Issoire, diverses villes de la Limagne d'Auvergne, Vichy et Moulins. Dans son cours inférieur, c'est une rivière peu profonde, ayant de 200 à 500 mètres de largeur, et, quand il rencontre la Loire, à 7 kilomètres en aval de Nevers, au Bec-d'Allier, il serait difficile de décider quel est le plus considérable des deux cours d'eau. Il impose sa direction

propre à la Loire, et lui apporte, en moyenne, 120 mètres cubes d'eau par seconde (l'étiage serait de 17 mètres cubes,
mais ces chiffres ne sont pas définitifs). Certains calculs don-
neraient une grande prépondérance à la Loire, dont le cours
l'emporterait de 20 kilomètres, le bassin de 553,000 hectares
et le débit moyen de 60 mètres cubes par seconde. L'Allier
ne baigne aucune ville dans le département du Cher; il laisse
à une dizaine de kilomètres à gauche Sancoins et la Guerche.
Entré dans le département du Cher par 187 mètres d'altitude,
il a son embouchure à 172 mètres, après avoir arrosé les communes de Mornay, Neuvy-le-Barrois, Apremont et Cuffy. A
3 kilomètres en amont du confluent, il passe sous un beau
pont du chemin de fer de Vierzon à Saincaize (entre la station du Guétin et celle de Saincaize), et, à 1,200 ou 1,500
mètres plus bas, sous le célèbre pont-aqueduc du Guétin, qui
porte d'une rive à l'autre le canal Latéral de la Loire et le
relie au canal du Berry (500 mètres, 18 arches).

. L'*Aubois* prend sa source dans des collines de 250 mètres,
près d'Augy, passe à Sancoins, où elle rencontre le canal du
Centre (*V.* p. 19), qui la suit jusqu'à son embouchure, et reçoit l'*Arcueil*. L'Aubois baigne ensuite la Chapelle-Hugon, la
Guerche où elle croise le chemin de fer de Vierzon à Saincaize,
Saint-Germain ou Joué-sur-l'Aubois, et se jette dans la Loire
près de Marseille-lès-Aubigny. Cours, 52 kilomètres. Elle fait
mouvoir les forges d'Aubigny, de Fournay, de Trézy.

La *Vauvise* sort d'un étang dominé par une colline de
261 mètres, à 2 kilomètres et demi de Nérondes, baigne Sancergues, reçoit le *ruisseau de Menetou-Couture*, le *Raynon*
(il passe à Lugny-Champagne) et la Planche-Godard, croise
le canal Latéral à la Loire, et tombe dans la Loire, par 150 mètres environ, au pied du mont de Sancerre. Cours, 56 kilomètres. — La *Planche-Godard* descend des collines crétacées
de Neuvy-Deux-Clochers (355 mètres), baigne Veaugues et
Vinon et se jette dans la Vauvise à Saint-Bouise.

. La *Belaine*, qui vient de Sury-en-Vaux, débouche dans le
fleuve à Bannay.

Le *Moulin-Neuf*, ou les *Butteaux*, a son embouchure en aval de Boulleret.

La *Judelle* passe à Léré

La *Balance* coule au nord de Sury.

Le *ruisseau de Maimbray*, qui n'a que son cours supérieur dans le département du Cher, où il passe près de Santranges, tombe dans la Loire à Maimbray (Loiret).

La *Notre-Heure* ou *Yèvre-du-Nord* naît dans le canton de Vailly, au pied d'une colline de 350 mètres, puis entre dans le département du Loiret où elle débouche dans la Loire, près de Gien.

Le *Beuvron* sort, à 2 kilomètres au nord d'Argent, d'un étang de la Sologne (180 mètres), passe à Cerdon (Loiret), entre en Loir-et-Cher, baigne la partie la plus infertile de la Sologne, et tombe dans la Loire au-dessus de Candé. Cours, 125 kilomètres.

Le **Cher** (320 kilomètres, dont 113 dans le département), qui, un peu moins long que l'Allier, roule une moins grande quantité d'eau, a son origine dans les montagnes de la Marche (Creuse), traverse la partie occidentale du département de l'Allier et y baigne Montluçon, où commence le canal du Berry, qui suit sa vallée jusqu'à Saint-Amand. Le Cher entre dans le département auquel il a donné son nom à 1,500 mètres en aval de Vallon-en-Sully (Allier) et le sépare pendant 3 kilomètres du département de l'Allier. Puis il le quitte pour traverser ce dernier département, de Maulne jusqu'aux environs d'Urçay. Servant de nouveau de limite aux deux départements, d'Urçay à l'Ételon, il pénètre définitivement dans le Cher près de l'Ételon, par 165 mètres d'altitude.

Le Cher baigne les communes d'Épineuil, de la Perche, d'Ainay-le-Vieil, de la Groutte, Colombier, Drevant (158 mètres), Saint-Georges-de-Poisieux, Bouzais, Saint-Amand (155 mètres), Orval, Nozières, Farges-d'Allichamps, la Celle-Bruère, Allichamps, Vallenay, Crésançay, Saint-Loup-des-Chaumes, Saint-Symphorien, Venesmes, Châteauneuf (137 mètres), Corquoy, Lapan, Lunery, Saint-Caprais, Saint-Florent, Villeneuve (119

mètres), Sainte-Thorette, Preuilly, Quincy (112 mètres),
Foëcy, Brinay, Vierzon (98 mètres), Saint-Hilaire-sous-Court,
Saint-Georges-sur-la-Prée, Méry-sur-Cher et Thénioux. Il prête
sa vallée au chemin de fer de Bourges à Moulins et à celui de
Tours à Vierzon. Sorti du département du Cher, par 96 mètres d'altitude, ce qui donne 408 mètres pour la pente totale
du département, le Cher traverse les départements de Loir-et-
Cher, de l'Indre, d'Indre-et-Loire, passe à 3 kilomètres au sud
de Tours et va tomber dans la Loire (rive gauche) au Bec-du-
Cher, entre Tours et Langeais. Le Cher, qui fait mouvoir un
grand nombre d'usines à fer, est censé flottable de la limite
du département de la Creuse à Vierzon (139 kilomètres), et
navigable de Vierzon à la Loire ; mais, en réalité, le flottage
est nul, et la navigation, qui n'a lieu que de Saint-Aignan
à la Loire (76 kilomètres), n'est pas très active à cause du
peu de profondeur de la rivière en certains endroits et du
grand nombre des retenues d'usines.

[Le Cher a pour affluents, dans le département, la Queugne
ou Rueugne, la Loubière, la Marmande, l'Hivernin, le Trian,
la Margelle, l'Yèvre, l'Arnon, le Fouzon (hors du département) et la Sauldre.

La *Queugne* ou *Rueugne* naît au sud de Coursais (Allier),
au pied des Loges de Forgette (358 mètres), reçoit les ruis-
seaux de la *Boutelière* et du *Bœuf*, croise le chemin de fer
de Bourges à Moulins et le canal du Berry, et se jette dans
le Cher (rive gauche) près d'Épineuil.

La *Loubière* (rive gauche) sort d'un étang à 2 ou 3 kilomètres au sud de Saulzais-le-Potier, baigne, outre cette
commune, celles de Faverdines, Saint-Georges-de-Poisieux,
Bouzais, Orval, et tombe dans le Cher (rive gauche) en face
de Saint-Amand et de l'embouchure de la Marmande.

La *Marmande* (rive droite) naît près de Cérilly (Allier),
traverse une partie de la vaste forêt de Tronçais, alimente un
réservoir de 400,000 mètres cubes dont une rigole porte les
eaux au canal du Berry, rencontre ce canal, qui la suit jus-

Saint-Amand.

qu'à son embouchure, reçoit la *Cocuelle*, la Sologne et le *Chignon*, passe à Charenton, au pied de collines escarpées de 328 mètres qui portent la tour de Malakoff, à Saint-Amand-Mont-Rond, et tombe près de cette ville dans le Cher (155 mètres). Cours, 50 kilomètres. — La *Sologne*, son affluent le plus important (rive gauche), sort d'un étang (Allier) situé au pied d'un coteau de 376 mètres, au nord du Vilhain, traverse la forêt de Tronçais, passe à Saint-Bonnet-le-Désert, à Ainay-le-Château et a son embouchure à 4 kilomètres en aval de cette ville. Cours, 25 kilomètres.

L'*Hivernin* sort d'un étang de la forêt de Meillant, baigne Meillant et se jette dans le Cher au-dessous d'Allichamps.

Le *Trian* naît dans les plateaux de Marçais (225 mètres), baigne Saint-Symphorien, croise le chemin de fer de Bourges à Moulins et se jette dans l'un des deux bras du Cher (rive gauche) qui enserrent l'île de Châteauneuf.

La *Margelle* vient de Morthomiers et débouche sur la rive droite du Cher entre Villeneuve et Sainte-Thorette.

L'**Yèvre** sort, au pied d'une colline de 248 mètres, d'un étang situé à 180 mètres, au nord de Baugy, passe à Baugy, près du camp d'Avord, croise le chemin de fer de Vierzon à Saincaize, qui n'abandonne plus sa vallée jusqu'à Vierzon, baigne les communes de Savigny-en-Septaine, Osmoy, Moulins-sur-Yèvre, Bourges (130 mètres d'altitude) où elle rencontre le canal du Berry qui longe sa rive gauche, Marmagne, Mehun, Foëcy, et se jette dans le Cher à Vierzon, par 98 mètres. Cours, 80 kilomètres. — L'Yèvre reçoit : à 2 ou 3 kilomètres en amont de Savigny-en-Septaine, (rive droite) le *Villabon*, qui baigne le village du même nom ; — au-dessous de Savigny-en-Septaine, (rive gauche) l'*Yévrette* ou *Airain*, qui sort de l'étang (188 mètres) de Nérondes, croise le chemin de fer de Vierzon à Saincaize, se grossit du *Préau*, déversoir de l'étang d'Ourouer, du *Blet* sorti du gouffre de Blet, baigne Osmery et reçoit, au-dessus de Crosse, le *Grand-Craon* (il naît près de Nérondes, dans des collines de 277 mètres, baigne Bengy, Jussy-Champagne et débouche à Vornay, rive droite); quand l'Yévrette se joint à l'Yèvre, elle a parcouru 45 kilomètres, tandis que celle-ci n'est qu'à 25 kilomètres de sa source; — à Moulins-sur-Yèvre, (rive droite) l'*Ouatier*, qui naît à Valentigny, près des Aix-d'Angillon, baigne Sainte-Solange, reçoit la *Tripande*, et croise le chemin de fer de Vierzon à Saincaize; — à Bourges, par 150 mètres d'altitude, (rive droite) le Colin, le Langis, le Moulon et l'Auron. Le *Colin* naît dans les hautes collines crétacées d'Humbligny (434 mètres), baigne Morogues, Aubinges, les Aix-d'Angillon, Saint-Germain-du-Puits, et croise le chemin de fer de Vierzon à Saincaize; le Colin s'engouffre en partie près du château de Lusson et rejaillit par la belle source de Valentigny. Le *Langis* ou *Rotte* naît à la Rongère, commune de Parassy, dans des collines de 267 mètres, baigne Soulangis, Saint-Michel-de-Soulangis et croise le chemin de fer de Vierzon à Saincaize; cours, 21 kilomètres. Le *Moulon* ou *Bézonde* naît à la fontaine du Coquin, près de Menetou-Salon, dans des collines de 320 mètres, passe au pied de Saint-Martin-d'Auxigny et à Fussy; cours, 25 kilomètres. L'*Auron* (80 kilomètres) naît près de Cérilly (Allier), dans des collines de 313 mètres, passe à Valigny, remplit de ses eaux un réservoir de 4 millions de mètres cubes alimentant le canal du Berry qui longe sa vallée jusqu'à Bourges, entre dans le Cher, arrose Bannegon où tombe le *Sagonin* (qui naît dans des collines de 260 mètres, baigne Sagonne et Givardon), reçoit le *Bouzon* ou *Brosse*, baigne Saint-Denis-de-Palin, Annoix, Saint-Just, Plaimpied, et reçoit le *Beugnon* ou *Ramponne* (il naît au bois de la Fin, commune de Saint-Germain-des-Bois, et baigne Levet); — à Mehun, (rive droite) l'*Annain*, qui descend de la forêt d'Allogny; — au-dessus de Vierzon, (rive droite) le *Baranjon* (48 kilomètres), qui naît près de Saint-Palais, sur le plateau de Mitterand, à la lisière de la forêt d'Allogny, passe à Neuvy, Vouzeron, Saint-Laurent, Vignoux et reçoit le *Croulas*.

L'**Arnon** (150 kilomètres) se forme au pied des collines (508 mètres) de Saint-Marien et de Saint-Pierre-de-Bost (Creuse), passe presque aussitôt dans l'Allier et, peu après, dans le Cher, coule au pied du roc escarpé qui porte les ruines de la Roche-Guillebaud, baigne Culan, Ardennais, Lignières, entre deux fois dans l'Indre, pour rentrer ensuite dans le Cher, baigne Saint-Ambroix, Dame-Sainte, Chârost, croise, près de Lury, le chemin de fer de Paris à Toulouse, et se jette, en deux bras, dans le Cher (rive gauche) à 4 kilomètres en aval de Vierzon (97 mètres). — L'Arnou a pour affluents : — au pied de la colline de Sidiailles, (rive gauche), la *Joyeuse*, qui descend des montagnes granitiques de Préveranges (504 mètres) et baigne l'étroit vallon où s'élèvent les ruines de l'abbaye de Pierres; — près du hameau des *Baudons* (rive gauche), le *Portefeuille* (34 kilomètres), qui descend des collines granitiques de Saint-Saturnin (376 mètres), passe à Saint-Maur, au Châtelet, et reçoit le *Cheminon;* — près de Touchay, (rive gauche) la *Sinaise*, qui naît au pied du bois de Bougaseau (355 mètres), passe à Châteaumeillant, reçoit la *Goutte-Noire* et le *ruisseau de l'étang de Saint-Janvrin;* — à Condé, (rive droite) le *ruisseau de Pont-Chauve*, ancien déversoir de l'étang desséché de Villiers; — au-dessous de Mareuil, (rive gauche) le *ruisseau de Chezal-Benoît;* — en aval de Saint-Ambroix, (rive droite) le *Pontet;* — en amont de Migny, (rive droite) l'abondante *fontaine de Poisieux;* — à Lazenay, (rive gauche) la *Théols*, qui a sa source et la plus grande partie de son cours dans le département de l'Indre, où elle baigne Issoudun. Un affluent de la Théols, la *Grande-Thonaise*, arrose dans le Cher le canton de Lignières.

Le *Fouzon*, qui n'a que quelques kilomètres de cours dans le département du Cher, dont il baigne un chef-lieu de canton, Graçay, où il reçoit le *Pot*, rejoint le Cher (rive gauche) en amont de Châtillon (Loir-et-Cher).

La **Grande-Sauldre** (162 kilomètres) naît près de Humbligny, au pied de collines crétacées de 434 mètres, passe à Neuilly, Sens-Beaujeu, au Noyer, à Vailly, à Concressault, à Blancafort, puis, après avoir arrosé depuis Humbligny une vallée fertile, coule dans une vallée creusée à travers les tristes plateaux de la Sologne, arrose Argent, alimente le

canal de la Sauldre, et baigne Clémont ; puis elle entre dans le
département de Loir-et-Cher, où elle rejoint le Cher (rive
droite) entre Selles-sur-Cher et Châtillon.—La Grande-Sauldre
reçoit : au moulin de Jars, (rive droite) la *Balance*, qui vient
de Menetou-Ratel ; — en amont de Vailly, (rive droite) la
Salereine, appelée *Aunaie* dans son cours supérieur ; — entre
Vailly et Concressault, (rive gauche) l'*Yonne*, qui descend
de collines de 361 mètres ; — un peu en amont d'Argent,
(rive gauche) l'*Oizenotte ;* — à Clémont, (rive gauche) la
Nère (40 kilomètres), qui naît aux Fontaines, commune
d'Yvoy-le-Pré, se creuse une vallée dans les plateaux de la
Sologne et passe à Aubigny : — au-dessus de Pierrefitte
(Loir-et-Cher ; rive gauche), la *Boule-Vive*, qui naît dans le
plateau de Sainte-Montaine (Cher) et se creuse une vallée
dans les plateaux de la Sologne ; — à 4 kilomètres au-dessus
de Salbris (Loir-et-Cher ; rive gauche), la *Petite-Sauldre* (70
kilomètres), qui naît au pied de collines crétacées de 454 mètres, près du château de Parassy, canton des Aix-d'Angillon
(Cher), passe non loin d'Henrichemont, reçoit la *Vernou*,
passe à la Chapelle-d'Angillon, où tombe le *Maucard*, à Ennordres, à Ménétréol (148 mètres), entre dans le département de Loir-et-Cher et reçoit la *Boule-Morte* qui a sa source
dans le Cher ; — au-dessous de Selles (Loir-et-Cher ; rive gauche), le *Naon*, qui n'a guère dans le Cher que 9 kilomètres, sur
55 ; — au-dessus de Villcherviers (Loir-et-Cher ; rive gauche), la *Rère* (64 kilomètres, dont la moitié dans le Cher,
l'autre moitié dans Loir-et-Cher), qui naît à Sommerère, à 5 kilomètres de la Chapelle-d'Angillon, au pied d'une colline de
253 mètres, passe à Presly-le-Chétif, puis entre en Loir-et-Cher.]

L'**Indre**, rivière de 240 à 250 kilomètres, affluent direct
de la Loire, commence à la fontaine d'Indre, commune de
Saint-Priest-la-Marche (Creuse), dans un massif (508 mètres)
de granits et de gneiss qui sont, de ce côté, le dernier bas-
tion du grand Plateau Central de la France. A peine a-t-elle
parcouru 4 ou 5 kilomètres qu'elle entre dans le dépar-

tement de l'Indre où elle baigne la Châtre et Châteauroux. Puis elle passe dans le département d'Indre-et-Loire, où elle arrose Loches, et tombe dans la Loire (rive gauche), par 35 mètres d'altitude, entre Langeais et la Chapelle.

Le département du Cher envoie à l'Indre une rivière, la *Taissonne*, qui a son embouchure dans le département de l'Indre, près de Sainte-Sévère.

Étangs. — Le département du Cher possède un assez grand nombre d'*étangs*, dont la plupart se trouvent dans les bassins de l'Aubois et de la Vauvise; on peut citer l'étang *de Javoulet*, celui *de la Grogne*, etc.

Canaux. — Le **canal du Berry** se compose essentiellement d'une branche principale qui part de la Loire un peu en aval de l'Allier et aboutit de nouveau à la Loire, près du confluent du Cher. Cette branche fonctionne comme une grande dérivation destinée à éviter à la batellerie le long parcours, les lenteurs et les difficultés de la navigation du fleuve lui-même. Près du bief de partage vient s'embrancher sur la maîtresse-ligne une voie secondaire qui, partant de Fontblisse, près du Rhimbé (commune de Bannegon), aboutit sur le Cher à Montluçon. Le canal du Berry est alimenté par le Cher, la Queugne ou Rueugne, l'Auron et l'Yèvre, par le réservoir de Marmande (80 hectares; 3,725,000 mètres cubes), celui de Valigny-le-Monial (114 hectares ; 3,780,000 mètres cubes) et celui des Étourneaux (1 million de mètres cubes). Mais ces réservoirs sont insuffisants, et, pendant les grandes sécheresses, la batellerie est quelquefois interrompue faute d'une profondeur d'eau suffisante. Parmi les divers projets qui ont été étudiés pour assurer l'alimentation du canal du Berry, le plus largement conçu consiste à dériver les eaux de l'Allier à Moulins et à les amener au bief de partage au moyen d'une rigole navigable longue de 50 kilomètres. La longueur totale du canal du Berry est de 322 kilomètres 50 (dont 194 dans le département du Cher), ainsi répartis : de Montluçon à Fontblisse, 69 kilomètres 74; de Fontblisse à la Loire, 49 kilomètres 12; de Fontblisse au Cher, 142 kilomètres 21; Cher canalisé, 59 kilomètres; jonction du Cher à la Loire, près de Tours, 2 kilomètres 45. Le bief de partage a une longueur de 17,316 mètres. La somme des pentes et contre-pentes rachetées (114 écluses) est de 245 mètres 69, savoir : du bief de partage à la Loire en amont, 26 mètres 22; du bief de Fontblisse à Montluçon, 78 mètres 08; de Fontblisse à la Loire, près de Tours, 141 mètres 39. Le mouillage normal est de 1 mètre 50. Le trafic annuel est d'environ 270,000 tonnes.

Le **canal Latéral à la Loire** fait suite à celui de Roanne à Digoin, dont la fonction est la même et a pour but de suppléer à l'insuffisance de navigabilité du fleuve. Il suit la rive gauche de la Loire, reçoit le canal du Centre, qui franchit la Loire sur un pont-aqueduc, traverse l'Ouzance, la Lodde, le Roudon, la Bèbre, quitte le département de l'Allier pour entrer dans celui de la Nièvre, franchit l'Acolin, l'Abron, la Colâtre, l'Allier sur un magnifique pont-aqueduc, entre dans le département du Cher, traverse l'Aubois et la Vauvise, passe au pied de Sancerre; entre en Loiret, traverse la Loire à Ousson, au-dessous de Châtillon, et se joint au canal de Briare. Le canal Latéral est alimenté par le canal de Roanne à Digoin, le canal du Centre, la Bèbre, l'Abron, la Colâtre, l'Allier, le canal de Briare, etc. Développement total, 197,014 mètres, sans compter les embranchements de Fourchambault et de Saint-Thibault; pente totale, 105 mètres 10, rachetée par 42 écluses; tirant d'eau normal, 1 mètre 60. Charge moyenne des bateaux, 50 tonnes.

Le **canal de la Sauldre**, destiné à favoriser l'amélioration du sol de la Sologne par l'emploi des amendements marneux, relie les gisements de marne de Blancafort au chemin de fer de Paris à Toulouse, près de la Motte-Beuvron. La longueur du canal est de 43,274 mètres; la pente totale, de 54 mètres 35, rachetée par 19 écluses. Il est alimenté par diverses prises d'eau faites dans la Sauldre et par l'étang du

Puits (6,235,000 mètres cubes). Le mouillage est de 1 mètre 30.

IV. — Climat.

Le Cher appartient à la zone moyenne et tempérée de la France. Sa situation à égale distance de l'Océan et des Alpes le met à l'abri de ces deux grandes influences météorologiques ; mais il est exposé à des sécheresses persistantes et à des gelées tardives. La chaleur (les grandes chaleurs règnent pendant la deuxième quinzaine de juillet) n'y dépasse jamais 36° ; la moyenne du froid n'est guère inférieure à —12°, car l'hiver de 1879, où le thermomètre est descendu à —30°, est tout à fait exceptionnel : la température moyenne est donc de + 12°. L'automne offre en général une température agréable et douce, qui permet aux fruits de mûrir et d'acquérir les qualités qui les caractérisent.

D'après *Le Cher agricole et industriel*, le savant ouvrage de M. Gallicher auquel sont empruntés les renseignements qui suivent, la moyenne des jours pluvieux observés dans une période de cinq ans (1865-1869) est de 123 par an. La hauteur d'eau recueillie au pluviomètre a été en moyenne de 663 millimètres.

Les grands *orages*, qui embrassent une vaste étendue de pays, et partent ordinairement de l'Océan pour ne s'arrêter qu'aux Alpes ou au Jura, sont rares dans le département du Cher ; on cite celui du 16 août 1868 comme un des plus violents dont on se souvienne. Les orages partiels sont plus fréquents dans le sud du département, à la hauteur de Saint-Amand, que sur le Plateau Central. Les sommets boisés des collines du nord sont également un point d'attraction pour ces orages qui, de là, se dirigent vers le Sancerrois et la vallée de la Loire, qui sont aussi les deux régions les plus menacées par la *grêle*. La moyenne des jours d'orage est de 28 par an.

La *neige*, peu fréquente, fond rapidement dans toute la partie basse et calcaire du département. Les *vents* dominants sont ceux d'ouest, de nord-ouest et de sud-ouest.

V. — Curiosités naturelles.

Le Cher ne renferme pas de curiosités naturelles bien remarquables. On signale cependant : la fontaine pétrifiante de Saint-Clair, commune de la Celle-Bruère ; aux Aix, la source de Valentigny ; la grotte du Chétif-Moulin, à la Groutte ; à Verdigny, la vaste carrière de la Perrière ; le puits taillé dans le roc, le ruisseau souterrain et la fontaine pétrifiante de Sury-ès-Bois ; la grotte de Saint-Saturnin ; la cascade d'Orval et la grotte de la Loutonnière, à Farges-Allichamps.

VI.]— Histoire.

Le Berry, qui a formé le département du Cher, était à l'époque gauloise habité par les *Bituriges Cubi*. Ce peuple, dès les temps les plus reculés, fut un des plus puissants de la Gaule et donna des rois à la Celtique, si l'on en croit Tite-Live, qui fait remonter cette puissance des Bituriges au temps où le premier Tarquin régnait à Rome. Au sixième siècle avant J.-C., les Bituriges et, à leur suite, les Gaulois, envahirent l'Italie sous la conduite de Bellovèse et les rives du Danube sous la conduite de Sigovèse.

Avaricum (Bourges) était la capitale des Bituriges et l'une des villes les plus importantes de la Gaule ; César, dans ses *Commentaires*, dit même que c'était la plus belle ville de ce pays. D'autres villes existaient déjà du temps des Bituriges, telles que Dun-le-Roi (ou sur-Auron), Châteaumeillant, Mehun et Sancoins. Les Bituriges excellaient dans la fabrication des armes et des vases d'étain, la construction des chars et le tissage des toiles à voiles.

L'invasion romaine amena la ruine du pays. Pendant la dernière période de la lutte héroïque que les Bituriges, avec les autres peuples confédérés, soutinrent contre César, ils incendièrent leurs villes et ravagèrent leur territoire pour affamer les légions romaines. *Avaricum*, seule épargnée par eux, malgré les conseils de Vercingétorix, fut assiégée, puis, après une défense héroïque, dévastée par César, qui en massacra les habitants (52 ans avant J.-C.).

Après la chute d'Alise, où parmi les défenseurs on comptait 12,000 Bituriges, et la soumission définitive de la Gaule, les Romains relevèrent Bourges de ses ruines, y établirent le centre d'une province appelée l'Aquitaine, y construisirent des monuments et des aqueducs, dont les vestiges encore existants attestent l'importance. D'autres villes, Drévant, Allichamps, Saint-Thibault, Saint-Satur, Châteaumeillant, Montalon, Neuvy-sur-Baranjon, ont été bâties ou embellies par les conquérants. De belles routes, appelées aujourd'hui voies romaines, relièrent Bourges à Tours par Mehun et Vierzon, à Clermont par Allichamps, à Limoges par Châteaumeillant, à la Loire vers le Château-Gordon (Saint-Satur), à Orléans par Allogny et Neuvy-sur-Baranjon, etc.

La prospérité dont jouit le Berry pendant les premiers siècles de l'occupation romaine disparut bien vite après le quatrième siècle. Bourges, devenue en 367 la capitale de la 1re Aquitaine, conserva ce titre jusqu'à la chute de l'Empire. Les Wisigoths, qui envahirent la Gaule au milieu du cinquième siècle, s'emparèrent du Berry vers l'an 465; ils s'y maintinrent, malgré l'empereur Anthemius qui, en 458, avait appelé dans le Berry 12,000 Bretons pour raffermir l'autorité romaine ébranlée, et qu'ils battirent près de Déols.

A la suite de la défaite d'Alaric, roi des Wisigoths, à Vouillé, en 507, Clovis Ier se rendit maître du Berry. Depuis lors, ce pays, gouverné par des comtes, fit partie du royaume d'Orléans ou de celui de Bourgogne. Sous les Francs, les pays du Cher furent plus d'une fois troublés par la guerre. Chilpéric, ayant attaqué son frère Gontran, fit envahir le Berry par ses généraux, qui battirent les Berruyers dans les plaines de Châteaumeillant (583).

Dès le troisième siècle, saint Ursin vint à Bourges prêcher l'Évangile et y établit la première église dans une maison que lui donna le sénateur Léocadius. Parmi ses successeurs, on remarque Sulpice Sévère (sixième siècle) et Sulpice le Débonnaire (septième siècle). Les évêques de Bourges commencèrent à prendre le titre d'archevêque et (huitième siècle) de *primat d'Aquitaine*, titre qui leur donnait des droits de suprématie sur une grande partie des évêchés du sud. Les grands monastères fondés sous les deux premières dynasties royales sont : sous Clotaire II, l'abbaye Saint-Sulpice, dans un faubourg de Bourges ; celle de Charenton (620) ; celle de Massay (commencement du neuvième siècle) ; celle de Dèvre, transférée en 926 à Vierzon.

Sous les Carlovingiens, le Berry éprouva de grandes vicissitudes. Pépin le Bref le dévasta pendant la guerre de huit années qu'il fit à Waïfer, duc d'Aquitaine, et à Hunibert, comte de Bourges, adversaires des Francs du nord (760). La ville de Bourges fut incendiée, le comte tué, et le pays ruiné. C'est à cette époque que le Berry fut réuni à la couronne de France. Plus tard, Charlemagne l'en détacha pour ériger l'Aquitaine en royaume en faveur de son fils Louis (781). Les comtes de Bourges continuèrent à gouverner le Berry au nom des rois d'Aquitaine. Parmi ces comtes, on cite Girard, qui, dépouillé de son comté par Charles le Chauve en 847, prit les armes contre son suzerain. Celui-ci marcha contre lui et ravagea le Berry. Girard, ayant fait sa soumission, fut maintenu dans son comté. Le dernier comte, Guillaume II, mourut en 927.

Les Normands, qui avaient envahi la Gaule dès le neuvième siècle, occupaient les bords de la Loire ; ils s'emparèrent de Bourges en 857 et en 867, et la pillèrent. Plus tard, ils envahirent le Berry une troisième fois et s'avancèrent jusqu'à Massay.

Lorsque le comte Guillaume II fut mort sans héritier, le roi Raoul réunit le comté de Bourges à la Couronne. Il n'y eut plus qu'un *vicomte* de Bourges, qui reçut ce fief du roi en récompense de ses services. Pendant toute la féodalité, le Berry fut organisé comme le reste de la France ; mais un de ses fiefs, la principauté de Boisbelle (près d'Henrichemont), offre une singularité notable : elle était enclavée dans la vicomté de Bourges, et son seigneur, indépendant, se vantait de ne relever que de Dieu.

En 1100, Eudes Arpin, vicomte de Bourges, partant pour la Croisade, vendit son fief au roi pour 60,000 écus d'or. Depuis cette époque, les pays qui forment le département du Cher demeurèrent directement soumis à l'autorité royale. En 1102, Philippe Ier visita son nouveau domaine, et établit à Bourges un bailli pour rendre la justice en son nom.

Le roi Louis le Jeune, voulant se faire pardonner la destruction (1142) de la ville de Vitry-en-Perthois, prit la croix et convoqua à Bourges, en 1145, une grande assemblée d'évêques et de barons. Godefroy, évêque de Langres, y prêcha la Croisade, qui toutefois ne fut entreprise qu'en 1147, après une nouvelle assemblée à Vézelay (Yonne), présidée par saint Bernard.

En 1184, le comte de Sancerre, révolté contre l'autorité royale, pillait les environs de Bourges, à la tête d'une bande d'aventuriers appelés *Brabançons*. Le roi marcha contre lui et dispersa ses bandes, à l'aide des *Confrères de la Paix*, association formée au Puy en 1182, et qui s'était donné pour mission de rétablir la paix dans le royaume.

Le roi d'Angleterre, Richard Cœur-de-Lion, de retour de la Croisade de 1191, ralluma la guerre dans le Berry pour forcer Guillaume, seigneur de Vierzon, à lui rendre hommage. Il envahit ses domaines et s'empara de Vierzon, qu'il pilla. Le roi de France marcha contre Richard, et la guerre finit par la mort de ce dernier, blessé à mort au siège de Châlus (Haute-Vienne), en 1199.

La ville de Bourges avait conservé une partie de son antique organisation municipale. Les bourgeois administraient la ville et prenaient part aux *assises bourgeoises* présidées par le bailli royal. Louis le Jeune leur accorda, en 1175, une charte contenant des droits importants, ainsi qu'aux hommes de la *septaine*, territoire étendu autour de la ville, et à ceux de la châtellenie de Dun. Du reste, c'est vers cette époque que commença l'affranchissement des serfs. Les premières communes affranchies furent Preuilly (1177), Santranges (1178), Barlieu et Sancerre (1190), Chârost (1194), Mehun (1209), Châteaumeillant (1220), Vierzon (avant 1248), Culan (1270), les Aix-d'Angillon (1301), etc.

Le règne de saint Louis fut un temps de prospérité pour le Berry comme pour le reste de la France. En 1234, le roi acheta la suzeraineté du comté de Berry, qui appartenait à un prince puîné de la maison de Champagne. Mais, pendant que saint Louis était à la Croisade de 1240, des bandes innombrables de vagabonds appelés *Pastoureaux* envahirent le nord de la France, l'Orléanais, le Berry et pillèrent Bourges. Heureusement la mort de leur chef, tué par un boucher de Bourges, désorganisa les Pastoureaux, qui furent exterminés à Villeneuve-sur-Cher.

En 1360, le roi Jean le Bon érigea le Berry, avec les terres de Vierzon, de Lury et de Mehun-sur-Yèvre, en duché-pairie en faveur de son troisième fils, Jean. Il y eut alors deux justices : celle du duc et celle du roi, qui était représenté par le bailli de Saint-Pierre-le-Moûtier ; ce juge recevait les appels des justices inférieures et siégeait à Sancoins.

Après le désastre de Crécy (1346), le prince de Galles entra dans le Berry, assiégea Bourges sans succès, mais prit Vierzon, sans toutefois pouvoir réduire le château. Après la bataille de Poitiers (1356), les Anglais envahirent de nouveau le duché, s'emparèrent d'une foule de villes et de villages et notamment d'Aubigny, de Blet, de Saint-Amand et du château de Montrond.

Au quinzième siècle, la guerre des Armagnacs et des Bourguignons exposa le Berry à de nouveaux dangers. Le duc Jean de France, partisan des Armagnacs, fut attaqué dans Bourges par le duc de Bourgogne (juin-octobre 1412). Pendant le siège, les Bourguignons ravagèrent le pays, prirent Dun-le-Roi, Montfaucon et d'autres places. Enfin les deux princes firent la paix, et Bourges se soumit.

Le comté de Bourges fut donné, en 1416, en apanage à

Charles, cinquième fils du roi Charles VI, qui y séjourna souvent, et que les Anglais nommèrent par dérision le *roi de Bourges*. Bourges devint un moment comme la capitale du royaume. Charles VII y reçut plusieurs fois l'hospitalité chez son argentier, Jacques Cœur. En 1429, Jeanne d'Arc y assembla un corps d'armée pour aller attaquer Saint-Pierre-le-Moûtier et la Charité. L'année suivante, elle partit de Mehun pour sa dernière expédition. Charles VII mourut, en 1461, au château de Mehun-sur-Yèvre, qu'il avait fait rebâtir.

Louis XI rétablit le duché-apanage du Berry pour son frère Charles, et fonda l'Université de Bourges, qui eut pour professeurs l'Italien Alciat (dont Théodore de Bèze, Amyot et Calvin vinrent prendre les leçons), puis le Toulousain Cujas.

C'est à Bourges que se réunit, en 1428, une assemblée des États Généraux et du clergé de la France pour l'acceptation des décrets du concile de Bâle; cette assemblée rédigea la fameuse déclaration appelée *Pragmatique Sanction*, dans laquelle furent consignés les droits de l'Église gallicane.

Au seizième siècle, les doctrines de la Réforme se répandirent de bonne heure dans le Berry. Les professeurs de l'Université de Bourges spéculaient sur les nouveaux dogmes, et Calvin émit à l'Université ses idées critiques des vieilles institutions. Il fit de nombreux prosélytes, même parmi le clergé; mais il fut bientôt obligé de quitter Bourges pour se retirer à Genève, où le suivirent plusieurs Berrichons. A la première prise d'armes des Réformés, Bourges fut pris par le comte de Montgommery, qui saccagea les églises et les couvents (mai 1562). Les Calvinistes, se répandant ensuite dans les campagnes, poursuivirent et traquèrent de toutes parts prêtres et religieux. Mais les catholiques, ayant repris Bourges, ne tardèrent pas à user de représailles. Tout l'effort de la lutte se porta bientôt sur la ville de Sancerre, la plus forte du Berry.

Les Sancerrois avaient embrassé le Calvinisme vers 1540; après la conjuration d'Amboise, de nombreux huguenots se réfugièrent dans leur ville, qui devint bientôt, avec Nîmes, Montauban et la Rochelle, un des principaux boulevards de la

Jacques Cœur recevant Charles VII, dans son hôtel à Bourges.

Réforme en France. Respectée durant la première guerre civile (1563), Sancerre subit, en 1568, un siège, ou plutôt une tentative de siège, car les troupes envoyées contre la ville, effrayées par une sortie de la garnison, prirent la fuite avant d'avoir atteint le pied de la colline.

L'année suivante, le comte Sciarra Martinengo, noble vénitien, François d'Entragues, gouverneur d'Orléans, et La Châtre, gouverneur de Berry, s'entendirent pour réduire la ville rebelle, que l'on appelait déjà, non sans raison « la Petite-Rochelle. » Sans canons, armés seulement de frondes, qu'on nomma « les arquebuses de Sancerre », et aussi d'arquebuses véritables, les assiégeants tinrent avec vigueur pendant cinq semaines, jusqu'à ce que le baron des Adrets, alors catholique, eut jugé l'entreprise difficile et conseillé à La Châtre de se retirer. Ce nouveau succès porta au comble l'exaltation des Sancerrois, qui crurent pouvoir impunément piller et ruiner les environs. Ils furent pourtant, dans une de leurs excursions, battus par les bourgeois de la Charité et de Nevers. Ayant tenté de surprendre de nuit la Grosse-Tour de Bourges, à la faveur de quelques intelligences qu'ils croyaient s'être ménagées dans cette place, ils furent trompés, et beaucoup des leurs périrent dans cette audacieuse entreprise.

Après les massacres de la Saint-Barthélemy, Sancerre, qui en avait souffert bien moins que Bourges, dont les principaux professeurs se réfugièrent en Suisse, refusa de recevoir une garnison royale. Honorat de Brueil, beau-frère du comte, noua des intelligences dans le château, et envoya son frère, le sieur de Racan, le surprendre, dans la nuit du 9 novembre 1572. Grâce aux efforts des conjurés, le château fut occupé par Racan ; mais les habitants, tenus en éveil, avaient pris des dispositions qui leur permirent de recouvrer leur forteresse, après une vigoureuse attaque de dix-sept heures (10 novembre). Pour parer aux conséquences de leurs révoltes, qui tôt ou tard devaient leur attirer un siège décisif, les Sancerrois auraient approvisionné leur ville ; mais, confiants dans leurs premiers succès, ils se livrèrent plus que jamais à des actes d'hos-

Ruines du château de Mehun-sur-Yèvre.

tilité. Du 3 août au 13 janvier 1573, la place fut peu à peu
investie par des corps de troupes que commandait La Châtre,
et qui se fortifièrent dans les villages ou les hameaux environ-
nants. Les habitants, sous les ordres de l'avocat Jouhanneau,
leur maire, et du ministre Jean de Léri, repoussèrent si vive-
ment les premières attaques et l'assaut général donné le
19 mars que le siège fut changé en blocus. La famine se fit
bientôt sentir et devint effroyable ; on fit sortir les bouches
inutiles, on mangea les rats, les taupes et jusqu'aux vieux
cuirs. Une petite fille, morte de faim, servit au repas de ses
parents ; mais le conseil de la ville, instruit de cette scène
horrible, fit brûler le père et étrangler la mère. Beaucoup
d'habitants cherchèrent à se sauver. Enfin, ne recevant pas
un secours promis par les Nîmois, et ne se voyant pas com-
prise dans le traité conclu avec les Rochelois le 24 juin,
Sancerre se décida à capituler. La Châtre y entra, le 31 août,
et, les jours suivants, il fit démolir les remparts de la ville
par les paysans des environs. Sancerre avait tenu près de
huit mois, sans artillerie.

Le département du Cher fut pendant la Ligue le théâtre de
nouvelles agitations et de nouveaux combats. Bourges, Dun-
le-Roi, Vierzon, Mehun, tenaient pour la Ligue, tandis que
Sancerre et les principaux seigneurs du pays soutenaient le
roi (1589). Pendant cinq ans, le pays fut continuellement
ravagé ; il ne respira que lorsque Henri IV eut abjuré à Saint-
Denis, entre les mains de Regnaud de Beaune, archevêque de
Bourges (1594).

Le Berry se releva de ses ruines, et Sully, qui avait acheté
les terres de Montrond, de Montfaucon et, en 1605, de Boisbelle, porta à ce pays un intérêt tout particulier, et améliora
le bien-être des paysans. Ce grand ministre fit construire sur
la terre allodiale de Boisbelle une ville qu'il appela Henrichemont. Cette ville présente l'aspect d'un quadrilatère régulier,
dont chaque côté a un développement d'environ 500 mètres,
avec une place carrée au centre.

Mais de nouveaux troubles jetèrent encore l'inquiétude

Sancerre.

dans le pays. Ce fut d'abord, en 1616, l'arrestation du prince
de Condé, gouverneur du Berry, puis le siège et la prise de la
Grosse-Tour de Bourges par son successeur, le maréchal de la
Grange-Montigny. Cette ville, qui avait embrassé le parti du
prince, dut se soumettre au roi, ainsi que les autres places
fortes du Berry.

Le grand Condé, qui avait succédé à son père dans le gou-
vernement du Berry, ayant été emprisonné pendant la Fronde,
la province fut occupée par les troupes royales. Mais le pays
se divisa: les uns tinrent pour le roi, les autres pour le prince.
La guerre dura deux ans.

Richelieu, qui, pour détruire les restes de la féodalité, faisait
démanteler dans la France entière les anciens châteaux forts,
fit démolir la Grosse-Tour de Bourges ; l'énorme château de
Montrond, qui avait été le boulevard de Condé, celui de Baugy
et d'autres places, qui avaient été occupés par les partisans
du prince, furent mis dans l'impossibilité de soutenir un siège.

Sous Louis XIV, deux émeutes provoquées par des taxes
sur le blé (1654) et sur le vin (1664), furent facilement ré-
primées. La révocation de l'édit de Nantes (1685) amena la
destruction des temples protestants de Sancerre et d'Asnières (près de Bourges), et l'émigration d'ouvriers indus-
trieux. Les guerres continuelles de la fin du règne de Louis XIV
achevèrent d'appauvrir le pays.

Le dix-huitième siècle n'offre pas d'événements bien mar-
quants pour l'histoire locale. La dauphine Marie-Josèphe de
Saxe mit au monde en 1754 un fils qui fut plus tard
Louis XVI et qui reçut en naissant le titre de duc de Berry.
C'est sous ce prince que le duché de Berry et la seigneurie
d'Henrichemont, alors récemment acquise de M. de Béthune,
furent donnés en apanage au comte d'Artois, frère du roi (1776).

Louis XVI, qui avait conservé pour le Berry des sentiments
affectueux, choisit, en 1778, cette province pour faire l'essai
d'un nouveau mode d'administration provinciale. Ce prince
voulait remédier aux charges trop onéreuses des populations,
en confiant directement à une assemblée composée de mem-

bres des trois ordres, dans chaque province, la répartition des
impôts, la direction des travaux publics, etc. L'assemblée de
Bourges décida l'exécution du canal du Berry, l'achèvement
des anciennes routes, l'étude de la construction de nouvelles
voies de communication, et demanda la réforme des impôts
(1786). Mais les événements se précipitaient, et la Révolution
ne laissa pas à cette assemblée le temps d'achever son œuvre.

La crise des subsistances, qui se faisait sentir dans toute la
France, amena le pillage des blés à Vierzon.

Sous la Révolution, le représentant du peuple La Planche
établit la Terreur à Bourges, pilla les églises et se fit re-
connaître dictateur dans les départements du Cher et du
Loiret.

En 1796, les Vendéens, qui cherchaient à étendre leur action
au centre de la France, profitant du mécontentement que la
levée en masse avait causé dans les populations, se jetèrent
dans le Sancerrois et, conduits par Phélippeaux, s'emparèrent
de la ville même de Sancerre. Mais bientôt le général qui
commandait à Bourges fit marcher des troupes sur cette ville
qui se rendit à la première sommation.

Après les Cent-Jours, l'armée se retira derrière la Loire,
selon les conventions faites avec les Alliés. Elle occupa
Bourges et tout le plat pays, qui fut lourdement chargé de ré-
quisitions.

Le dernier prince qui porta le titre de duc de Berry fut le
second fils de Charles X, assassiné par Louvel en 1820.

Dans les premières années du règne de Louis-Philippe, des
troubles eurent lieu à Maubranches, à Sancoins, à Aubigny, à
Lignières et à Châteaumeillant, à l'occasion des droits sur les
vins et de la cherté des blés.

En 1839, Bourges fut choisi pour servir de lieu de captivité
à don Carlos et à sa suite. Ce prince y demeura jusqu'en
1845, époque à laquelle il partit pour l'Italie.

Depuis 1861, Bourges est doté de vastes établissements
militaires, qui font de cette ville le centre de la défense na-
tionale.

,VII. — Personnages célèbres.

Neuvième siècle. — SAINTE SOLANGE, patronne du Berry, habitait Villemont, paroisse de Saint-Martin-du-Croz. Sa beauté frappa le fils de Bernard, comte de Bourges, qui lui proposa de l'épouser. Elle refusa, déclarant qu'elle avait voué sa vie à Jésus-Christ. Le jeune homme furieux la poursuivit et la tua d'un coup d'épée.

Quatorzième siècle. — HENRI IV DE SULLY, seigneur DE CHATEAUMEILLANT, grand bouteillier de France en 1317, gouverneur de Navarre ; mort en 1335. — LOUIS DE SANCERRE, baron de Luzy et de Montfaucon, né en 1343. Compagnon d'armes de Du Guesclin ; maréchal de France en 1369. Après la mort du connétable, il prit le commandement de l'armée royale. Il fut en 1397 nommé connétable, et mourut en 1403, à l'âge de 60 ans.

Quinzième siècle. — GUILLAUME BOISRATIER, archevêque de Bourges, orateur, conseiller de Jean, duc de Berry, mêlé aux affaires du règne de Charles VI ; mort en 1421. — LOUIS DE CULAN, amiral de France, mort en 1444. — JACQUES CŒUR, né à Bourges à la fin du quatorzième siècle. Célèbre par ses grandes entreprises commerciales ; argentier de Charles VII, fit construire de grands édifices à Bourges, à Paris et ailleurs. Tombé en disgrâce, il fut accusé d'avoir falsifié les monnaies, d'avoir fourni des armes aux Sarrasins, etc., et fut banni du royaume. Il mourut en 1456. — LOUIS XI, né à Bourges, en 1423, mort au château du Plessis-lès-Tours en 1483. —LOUIS DE LA TRÉMOILLE, né en 1460 à Bomiers, non loin de Lignières ; l'un des grands capitaines de son temps. Tué à la bataille de Pavie, en 1525. — JEAN, sire DE BUEIL, *comte de Sancerre*, amiral de France, surnommé le fléau des Anglais, mort en 1475.— CLAUDE L'AUBESPINE, baron *de Châteauneuf-sur-Cher*, ambassadeur sous François Ier et ses deux successeurs. Mort en 1567. — DONEAU, célèbre professeur de l'école de droit de Bourges (1527-1591).

Jacques Cœur.

Seizième siècle. — François Dujon, ministre protestant et professeur de théologie en Allemagne, mort à Leyde en 1602. — Boucher (Jean), né à Bourges le 20 août 1568, peintre célèbre, mort en 1633.

Dix-septième siècle. — La Thaumassière (P.-G. Thaumas de la), né à Sancerre en 1631, mort en 1702. Avocat et jurisconsulte connu par son *Histoire du Berry* et des *Commentaires* sur la Coutume de cette province. — Labbe (Philippe), né à Bourges, membre de la Société de Jésus, auteur d'un grand nombre de collections historiques (1607-1667). — Bourdaloue (Louis), né à Bourges, membre de la Société de Jésus. Prédicateur éloquent, se fit remarquer par ses sermons à la cour de Louis XIV (1632-1704).

Dix-huitième siècle. — Maupertuis (Drouet de), chanoine de Bourges, savant littérateur, mort en 1756. — Sigaud de Lafond (Joseph-Aignan), né à Bourges le 5 janvier 1730. Savant physicien, mort en 1810. — Armand-Joseph Béthune, duc de Charost, né à Versailles, mais attaché au Berry d'une affection particulière ; mort en 1800. La ville de Bourges lui fit ériger un monument.

Dix-neuvième siècle. — Le maréchal [Étienne-J.-Jos.-Alexandre Macdonald, né à Sancerre le 17 novembre 1765, mort en 1840. — Désiré-Raoul Rochette (1790-1854), littérateur, archéologue, né à Saint-Amand. — Émile Deschamps, poëte, né à Bourges en 1791.

VIII. — Population, langue, culte, instruction publique.

La *population* du département du Cher s'élève, d'après le recensement de 1876, à 345,613 habitants (176,688 du sexe masculin, 168,925 du sexe féminin). A ce point de vue, c'est le 49e département. Le chiffre des habitants divisé par celui des hectares donne 48 habitants par 100 hectares ou par kilomètre carré : c'est ce qu'on nomme la *population spécifique.* Sous ce rapport, le Cher est le soixante-dixième département. La France entière ayant 69 à 70 habitants par kilomètre

Louis XI

carré, il en résulte que le Cher renferme, à surface égale, 21 à 22 habitants de moins que l'ensemble de notre pays.

Depuis 1801, date du premier recensement officiel, le département du Cher a gagné 127,828 habitants.

La *langue* française est parlée dans tout le département, dans les villages comme dans les villes. Le patois y est à peu près inconnu.

Le culte catholique est celui de la grande majorité de la population. Le culte réformé possède un consistoire à Bourges, et deux églises desservies par des pasteurs : l'une, la plus importante, est à Sancerre ; l'autre est à Asnières, près de Bourges. Il existe, en outre, deux temples, l'un à Bourges et l'autre à Foëcy.

Le nombre des *naissances* a été, en 1876, de 10,438 ; celui des *mariages*, de 3018 ; celui des *décès*, de 7103.

Le *lycée* de Bourges a compté, en 1879-1880, 383 élèves ; le *collège communal* de Saint-Amand, 95 ; celui de Sancerre, 54 ; le *petit séminaire* de Bourges, 232 ; l'*institution Sainte-Marie*, dans la même ville, 75. Le nombre des *écoles primaires* publiques et libres est de 550 ; celui des *salles d'asile*, de 35.

Le recrutement en 1876 a donné les résultats suivants :

Ne sachant ni lire ni écrire	666
Sachant lire seulement	26
Sachant lire, écrire et compter	2,202
Bacheliers	2
Dont on n'a pu vérifier l'instruction	41
Total des jeunes gens de la classe 1876	2,937

Sur 21 accusés de crime en 1875, on a compté :

Accusés ne sachant ni lire ni écrire	6
— sachant lire et écrire	14
— ayant reçu une instruction supérieure	1

IX. — Divisions administratives.

Le département du Cher forme, avec le département de l'Indre, le diocèse de Bourges (archevêché). Il ressortit :

aux 5e, 6e et 8e subdivisions de la 8e région militaire (Bourges, où existent une direction et une école d'artillerie, une fonderie de canons et une école de pyrotechnie) ; — à la cour d'appel de Bourges ; — à l'Académie de Paris ; — à la 11e légion de gendarmerie (Bourges) ; — à la 4e inspection des ponts et chaussées ; — à la 20e conservation des forêts (Bourges) ; — à l'arrondissement minéralogique de Clermont-Ferrand (division du Centre). — Il comprend 3 arrondissements (Bourges, Saint-Amand-Mont-Rond, Sancerre), 29 cantons, 291 communes.

Chef-lieu du département : BOURGES.

Chefs-lieux d'arrondissement : BOURGES, SAINT-AMAND-MONT-ROND, SANCERRE.

Arrondissement de Bourges (10 cant. ; 100 com. ; 144,846 h. ; 234,684 hect.).

Canton des Aix-d'Angillon (11 com. ; 9,075 h. ; 24,475 hect.). — Aix-d'Angillon (Les) — Aubinges — Brécy — Morogues — Parassy — Rians — Saint-Céols — Saint-Germain-du-Puy — Saint-Michel-de-Volangis — Sainte-Solange — Soulangis.

Canton de Baugy (16 com. ; 15,316 h. ; 35,157 hect.). — Avord — Baugy — Bengy-sur-Craon — Chassy — Crosses — Farges-en-Septaine — Gron — Jussy-Champagne — Laverdines — Moulins-sur-Yèvre — Nohant-en-Goût — Saligny-le-Vif — Savigny-en-Septaine — Villabon — Villequiers — Vornay.

Canton de Bourges (1 com. ; 35,786 h. ; 6,814 hect.). — Bourges.

Canton de Chârost (13 com. ; 13,438 h. ; 30,501 hect.). — Chârost — Civray — Dame-Sainte — Lunery — Mareuil-sur-Arnon — Morthomiers — Plou — Poisieux — Primelles — Saint-Ambroix — Saint-Florent-sur-Cher — Subdray (Le) — Villeneuve-sur-Cher.

Canton de Grâçay (6 com. ; 7,004 h. ; 13,270 hect.). — Dampierre-en-Graçay — Genouilly — Graçay — Nohant-en-Graçay — Saint-Georges-sur-la-Prée — Saint-Outrille.

Canton de Levet (14 com. ; 7,065 h. ; 25,266 hect.). — Annoix — Arçay — Lapan — Levet — Lissay-Lochy — Csmoy — Plaimpied-Givaudins — Saint-Caprais — Saint-Just — Sainte-Lunaise — Senneçay — Soye-en-Septaine — Trouy — Vorly.

Canton de Lury-sur-Arnon (9 com. ; 6,265 h. ; 15,723 hect.). — Brinay — Cerbois — Chéry — Lazenay — Limeux — Lury-sur-Arnon — Méreau — Preuilly — Quincy.

Canton de Mehun-sur-Yèvre (9 com. ; 14,175 h. ; 21,635 hect.). — Allouis — Berry-Bouy — Chapelle-Saint-Ursin (La) — Foëcy — Marmagne

— Mehun-sur-Yèvre — Saint-Doulchard — Saint-Laurent — Sainte-Thorette.

Canton de Saint-Martin-d'Auxigny (11 com.; 12,246 h.; 21,582 hect.). — Allogny — Fussy — Menetou-Salon — Pigny — Quantilly — Saint-Éloy-de-Gy — Saint-Georges-sur-Moulon — Saint-Martin-d'Auxigny — Saint-Palais — Vasselay — Vignoux-sous-les-Aix.

Canton de Vierzon (10 com.; 24,477 h.; 40,261 hect.). — Massay — Méry-sur-Cher — Nançay — Neuvy-sur-Baranjon — Saint-Hilaire-de-Court — Thénioux — Vierzon-Village — Vierzon-Ville — Vignoux-sur-Baranjon — Vouzeron.

Arrondissement de Saint-Amand-Mont-Rond (11 cant.; 115 com.; 118,595 h.; 254,569 hect.).

Canton de Charenton-sur-Cher (9 com.; 8,695 h.; 23,087 hect.). — Arpheuille — Bannegon — Bessais-le-Fromental — Charenton-sur-Cher — Chaumont — Coust — Saint-Pierre-les-Étieux — Thaumiers — Vernais.

Canton de Châteaumeillant (11 com.; 12,491 h.; 27,629 hect.). — Beddes — Châteaumeillant — Culan — Préveranges — Reigny — Saint-Christophe-le-Chaudrier — Saint-Jeanvrin — Saint-Maur — Saint-Priest-la-Marche — Saint-Saturnin — Sidiailles.

Canton de Châteauneuf-sur-Cher (12 com.; 9,357 h.; 22,888 hect.). — Allichamps — Chambon — Châteauneuf-sur-Cher — Chavannes — Corquoy — Crésançay — Saint-Loup-des-Chaumes — Saint-Symphorien — Serruelles — Uzay-le-Venon — Vallenay — Venesmes.

Canton du Châtelet (7 com.; 7,647 h.; 16,778 hect.). — Ardennais — Châtelet (Le) — Ids-Saint-Roch — Maisonnais — Morlac — Rezay — Saint-Pierre-les-Bois.

Canton de Dun-sur-Auron (12 com.; 10,536 h.; 23,494 hect.). — Bussy — Chalivoy-Milon — Cogny — Contres — Dun-sur-Auron — Lantan — Osmery — Parnay — Raymond — Saint-Denis-de-Palin — Jouet ou Saint-Germain-des-Bois — Verneuil.

Canton de la Guerche-sur-l'Aubois (9 com.; 13,161 h.; 24,314 hect.). — Apremont — Chapelle-Hugon (La) — Chautay (Le) — Cours-les-Barres — Cuffy — Germigny-l'Exempt — Guerche-sur-l'Aubois (La) — Jouet-sur-l'Aubois — Saint-Germain-sur-l'Aubois — Torteron ou Patinges.

Canton de Lignières (9 com.; 9,793 h.; 24,107 hect.). — Celle-Condé (La) — Chezal-Benoît — Ineuil — Lignières — Montlouis — Saint-Baudel — Saint-Hilaire-en-Lignières — Touchay — Villecelin.

Canton de Nérondes (13 com.; 13,011 h.; 25,865 hect.). — Blet — Charly — Cornusse — Croisy — Flavigny — Ignol — Lugny-Bourbonnais — Menetou-Couture — Mornay-Berry — Nérondes — Ourouer-les-Bourdelins — Saint-Hilaire-de-Gondilly — Tendron.

Canton de Saint-Amand-Mont-Rond (12 com.; 14,859 h.; 46,079 hect.). — Bouzais — Celle-Bruère (La) — Colombier — Drevant — Farges-Allichamps — Groutte (La) — Marçais — Meillant — Nozières — Orcenais — Orval — Saint-Amand-Mont-Rond.

Canton de Sancoins (10 com.; 10,848 h.; 26,066 hect.). — Augy-sur-l'Aubois — Givardon — Grossouvre — Mornay-sur-Allier — Neuilly-en-

Dun — Neuvy-le-Barrois — Sagonne — Saint-Aignan-des-Noyers — Sancoins — Vereaux.

Canton de Saulzais-le-Potier (11 com.; 8,417 h.; 24,262 hect.). —
Ainay-le-Vieil — Arcomps — Cellette (La)— Épineuil-le-Fleuriel — Faver-
dines — Loye — Perche (La) — Saint-Georges-de-Poisieux — Saint-Vitte
— Saulzais-le-Potier — Vesdun.

Arrondissement de Sancerre (8 cant.; 76 com.; 82,172 h.; 197,486
hect.).

Canton d'Argent (4 com.; 5,740 h.; 27,173 hect.). — Argent — Blancafort — Brinon-sur-Sauldre — Clémont.

Canton d'Aubigny (5 com.; 5,932 h.; 22,943 hect.). — Aubigny-Village
— Aubigny-Ville — Ménétréol-sur-Sauldre — Oizon — Sainte-Montaine.

Canton de la Chapelle-d'Angillon (5 com.; 6,147 h.; 33,369 hect.).—
Chapelle-d'Angillon (La) — Ennordres — Ivoy-le-Pré — Méry-ès-Bois —
Presly-le-Chétif.

Canton d'Henrichemont (7 com.; 8,598 h.; 16,586 hect.). — Achères
— Chapelotte (La) — Henrichemont — Humbligny — Montigny — Neuilly-
en-Sancerre — Neuvy Deux-Clochers.

Canton de Léré (7 com.; 8,851 h.; 13,944 hect.). — Belleville — Boulleret — Léré — Sainte-Gemme — Santranges — Savigny-en-Sancerre —
Sury-près-Léré.

Canton de Sancergues (19 com.; 15,475 h.; 35,824 hect.). — Argen-
vières — Azy — Belfes — Chapelle-Montlinard (La) — Charentonnay —
Couy — Étréchy — Garigny — Groizes — Herry — Jussy-le-Chaudrier —
Lugny-Champagne — Marcilly — Marseille-lès-Aubigny — Précy —
Saint-Léger-le-Petit — Saint-Martin-des-Champs — Sancergues — Sévry.

Canton de Sancerre (18 com.; 20,930 h.; 23,747 hect.). — Bannay —
Bué — Couargues — Crézancy — Feux — Gardefort — Jallognes — Me-
netou-Ratel — Ménétréol-sous-Sancerre — Saint-Bouize — Saint-Satur —
Sancerre — Sens-Beaujeu — Sury-en-Vaux — Thauvenay — Veaugues —
Verdigny — Vinon.

Canton de Vailly-sur-Sauldre (11 com.; 10,499 h.; 23,900 hect.).—
Assigny — Barlieu — Concressault — Dampierre-en-Crot — Jars — Noyer
(Le) — Subligny — Sury-ès-Bois — Thou — Vailly-sur-Sauldre — Ville-
genon.

X. — Agriculture, productions.

Sur les 719,934 hectares dont se compose le département, on
compte :

Terres labourables.	394,437 hectares.
Vignes.	12,597
Bois.	124,721
Prés.	132,894
Terres incultes	16,733

Le reste du territoire se répartit entre les pâturages et pacages, les étangs, les emplacements de villes, de bourgs, de villages, de fermes, la surface des routes, chemins de fer, canaux, etc.

On compte dans le département du Cher 35,298 chevaux, 9,858 ânes et mulets, 125,000 bœufs et vaches, 678,015 moutons, 39,870 porcs, 22,188 chèvres et 26,814 chiens. Les ruches d'abeilles sont au nombre de 35,432. Le produit annuel des bêtes à laine est d'environ 1,200,000 kilogrammes de laine.

Il existe encore dans le Cher beaucoup de grandes propriétés transmises de père en fils, par les anciens possesseurs, qui n'ont pas été pour la plupart inquiétés pendant la Révolution : on cite une propriété de seize mille hectares, plusieurs de quatre à six mille et un assez grand nombre de plus de mille hectares. Cependant on compte aussi un grand nombre de propriétés morcelées, divisées, suivant M. Gallicher, en 794,217 parcelles, réparties entre 110,874 cotes foncières.

Le département du Cher, de culture facile dans presque toute son étendue, produit en abondance des céréales, des foins, du chanvre ; dans ses prairies et dans les jachères paissent des troupeaux considérables de brebis, dont la laine est très estimée. La récolte des *céréales* est supérieure à la consommation ; le froment commun d'hiver, à épi jaunâtre, appelé *blé de pays, de Raclain* ou *de Raquin*, est surtout fort répandu. Les cultivateurs ont importé depuis quelques années les blés de Noé (blé bleu) et de Saumur (blé de Saint-Laud). L'*avoine* est après le froment la céréale la plus répandue dans le Cher ; la betterave, le colza, le chanvre réussissent bien aussi sur ce territoire.

Voici le résumé officiel des récoltes en céréales dans le Cher en 1876 :

Froment. . .	97,647 hectares.	Produit.	1,392,446	hectolitres.
Méteil. . . .	1,850	—	—	24,401	—
Seigle. . . .	16,994	—	—	229,588	—
Orge	20,551	—	—	206,160	—
Sarrasin . .	5,937	—	—	83,177	—
Avoine . . .	74,479	—	—	1,136,550	—

Les pommes de terre, cultivées sur 6,886 hectares, ont produit la même année, 612,854 hectolitres. Le maïs et le millet sont peu répandus : 208 hectares ont donné 5,804 hectolitres.

La vigne, cultivée sur 14,000 hectares, se trouve surtout dans le Sancerrois, où la production moyenne par hectare est de 50 hectolitres. Les cépages dominants sont, en raisins rouges, le pineau noir, qui fait le fond des bonnes vignes du Sancerrois, et le gros ou grand cépage noir, qui donne les vins communs. Viennent ensuite, mais en petite quantité, le meunier et le gamay. Parmi les plants blancs, le pineau blanc, le pineau gris et le sauvignon donnent d'excellents produits. Les vins rouges et blancs du Sancerrois sont très estimés. On cultive aussi la vigne avec succès autour de Châteaumeillant, près de Bourges, Fussy et de Saint-Amand.

Le Cher était jadis couvert de **forêts** que le défrichement et les incendies ont diminuées peu à peu. Aujourd'hui la superficie des forêts est de 124,000 hectares, dont 15,000 à l'État, 6,000 aux communes et 105,000 aux particuliers. Les bois du Cher sont, selon M. Gallicher, divisés en deux zones distinctes : au nord, celle qui couronne le faîte des collines s'étendant du Cher à la Loire, en passant par Saint-Laurent, Saint-Palais, Henrichemont, Sancerre, et qui comprend les forêts de Vierzon (5,314 hectares), de Saint-Laurent, d'Allogny (2,204), de Soudrain (482 hectares), Saint-Palais (1,903), de Menetou, d'Yvoy, de Boucard; au sud, une autre bande qui domine le val de Saint-Amand et comprend les forêts de Chœurs (1,889 hectares), d'Habert (642 hectares), de la Roche (226 hectares), de Mareuil, de Châteauneuf, de Meillant, d'Arfeuille, de Charenton, de Bornac et de Thaumiers. A l'est, sur le faîte d'entre Loire et Aubois, les bois d'Apremont, de Grossouvre, de la Guerche et de Précy. Les essences de tous ces bois sont les suivantes : le chêne dans toutes ses variétés; le charme; le hêtre, et divers autres moins répandues.

XI. — Industrie, mines.

Le département du Cher renferme des *gisements de fer* d'excellente qualité. Naguère c'était le département français qui fournissait la plus grande quantité de minerai de fer; mais aujourd'hui, il est dépassé par la Haute-Marne et surtout par Meurthe-et-Moselle. Le minerai trouvé dans le pays (274,000 tonnes par an, valant 2,466,000 francs) alimente surtout les établissements métallurgiques de la Nièvre et de l'Allier; une partie est aussi utilisée sur place, mais en quantité moindre qu'autrefois. C'est dans le bassin de l'Auron, et notamment aux environs de Dun, que sont les mines de fer les plus productives du département. Les minerais sont transportés par le canal du Berry. Les groupes miniers sont classés comme suit par ordre d'importance : minières de Dun-le-Roi, de Saint-Éloi, de la Chapelle-Saint-Ursin et de la vallée de l'Aubois.

L'exploitation des mines remonte au temps des Gaulois, comme le prouvent les nombreux vestiges répandus sur le sol. César mentionne l'importance de cette industrie et l'intelligence des habitants dans l'exploitation des mines. Les Sarrasins importèrent en France de grands perfectionnements dans le travail, en substituant aux forges à bras, aux forges mobiles, les établissements fixes avec hauts fourneaux mus par la force hydraulique. L'exploitation se fait par puits profonds de 40 mètres, à l'aide de galeries et à ciel ouvert. 1,200 ouvriers y sont employés.

Il existe des *sources minérales* à Saint-Firmin (commune de Bourges), à Grand-Mont (commune de Genouilly), à Sainte-Bodère (commune de Dampierre-en-Graçay) et à Saint-Maroux (commune de Lantan).

Le nombre actuel des *usines à fer* est de 21, savoir : Mareuil, Forge-Neuve, Vierzon, Bourges, Mazières, Thaumiers, Rozières, les Lavoirs, Châteauneuf, Bigny, Meillant, Aubigny, le Fournay, Torteron, Feuillardy, le Chantay, la Guerche, Trézy et Grossouvre. Dans ces usines se fabriquent de la fonte, du gros et du petit fer; dans quelques-unes il y a des tréfileries et des pointeries. Ces usines ont fabriqué, en 1878, 30,996 tonnes de fonte et 5,042 tonnes de fers.

On exploite dans le Sancerrois et dans les communes de Sury-ès-Bois et d'Assi₋ny des gisements de *phosphates de chaux* fossiles qui ont une certaine importance.

Le nombre des machines à vapeur dans le département était en 1872 de 205, représentant ensemble une force totale de 2,340 chevaux-vapeur.

Des *fabriques de porcelaine* existent à Foëcy, à Vierzon, à Mehun et à Noirlac. Celle de Foëcy a un grand développement et fait pour plus d'un million d'affaires. Celle de Vierzon occupe 700 à 800 ouvriers, et fait pour 1700 à 1,800 mille francs de produits, qu'elle exporte notamment aux États-Unis. Les fabriques de Mehun et de Noirlac occupent 1000 à 1200 ouvriers, qui fabriquent pour 1500 à 1600 mille francs d'objets. Les produits qui sortent de ces usines ne sont pas seulement destinés à la consommation usuelle ; les pièces artistiques y sont nombreuses et ont été remarquées dans les grandes expositions pour leur élégance et leur coloris. Les matières premières de ces usines, qui sont des sables quartzo-feldspathiques, sont tirées en partie du sol du département, et notamment de la Groutte, près de Saint-Amand. On se sert aussi des sables de Saint-Pierre-le-Moutier, des argiles kaolineuses de l'Allier, de Cornouailles et des Pyrénées. Les pâtes de Saint-Yrieix, qui alimentaient autrefois en grande partie ces usines, n'y sont plus employées que dans une faible proportion.

Les tuileries et les briqueteries les plus importantes sont celles de Bourges, Charenton, Saint-Amand, Châteauneuf, Saint-Florent, la Guerche, Sancoins, Vierzon, Farges et Saint-Satur.

Les moulins à vent sont au nombre de 75, et les moulins à eau au nombre de 555.

Il existe à Vierzon une usine pour la fabrication de la verrerie, qui a quatre fours de fusion, occupe 600 ouvriers et fait pour 1,200,000 francs de produits.

L'industrie des *tanneries* est assez développée dans le département du Cher; on cite celles de Bourges, d'Henrichemont, de Sancoins, de Saint-Amand, de Sancerre, d'Aubigny, etc. Des fabriques d'instruments aratoires perfectionnés existent à Bourges, à Vierzon et à Mehun.

Les huileries les plus importantes se trouvent dans les cantons de Bourges, des Aix, de Saint-Martin, de Vierzon et de Levet.

XII. — Commerce, chemins de fer, routes.

Quoique le Cher occupe géométriquement le milieu de la France, il est relativement délaissé, et, si ce n'est du côté de Vierzon, en dehors du grand mouvement commercial. Le commerce se divise en deux parties : les opérations pour la consommation locale, et l'exportation. La première consiste dans l'*importation* des épiceries, de la librairie, des étoffes, des denrées coloniales, des vins étrangers et vins principaux de la France et enfin de la houille, qui est amenée dans le Cher en quantités considérables des bassins de Commentry, de Decize et de la Loire.

La seconde consiste dans l'*exportation* de produits du sol ou de l'industrie. Les bois, en nature ou convertis en charbons, sont expédiés à Paris. La marine trouve aussi dans les forêts du département des bois pour son service. Le commerce très important des merrains se fait principalement à Bourges, Saint-Amand, Vierzon, Henrichemont, Sancoins. Les fruits des environs de Bourges sont l'objet de transactions actives. Le marché aux châtaignes de Culan est très important pendant les mois d'octobre et de novembre. Les laines du Berry, estimées et recherchées, trouvent de nombreux acheteurs. Les bestiaux, tels que les bœufs, les porcs et les moutons, sont expédiés à Paris. Les chanvres non ouvrés sont l'objet d'un grand commerce à Bourges et à Saint-Amand. Les grains ont pour principaux marchés Bourges, Saint-Amand, Sancerre, Vierzon, Aubigny, Dun-sur-Auron et Sancoins.

Les vins sont sur quelques points du département l'objet d'un commerce important, notamment dans le Sancerrois, où la production est la plus grande, et à Menetou-Salon, centre d'un vignoble considérable. Ces vins s'expédient à Paris, et quelques-uns, dits *vins gris*, en Champagne.

De plus, le département est traversé par des convois nombreux de marchandises du nord de la France, expédiées dans le midi, et par des convois du midi à destination du nord.

Le département du Cher est traversé par 4 chemins de fer, ayant ensemble un développement de 159 kilomètres :

1° Le chemin de fer *de Paris à Toulouse* passe du département de Loir-et-Cher dans celui du Cher à 5 kilomètres en deçà de la gare de Vierzon. Outre cette station, il dessert celle de Chéry, entre dans le département de l'Indre, où il passe à la station de Reuilly, puis rentre dans le Cher, qu'il quitte définitivement 3 kilomètres plus loin. Parcours, 23 kilomètres.

2° Le chemin de fer *de Tours à Vierzon* n'a qu'une station dans le Cher, celle de Thénioux, au delà de laquelle il pénètre en Loir-et-Cher. Parcours, 10 kilomètres.

3° Le chemin de fer *de Vierzon à Saincaize* passe aux gares de Foëcy, Mehun-sur-Yèvre, Marmagne, Bourges, la Chapelle-Saint-Ursin, Saint-Florent, Lunery, Châteauneuf-sur-Cher, Bigny, la Celle-Bruère, Saint-Amand-Mont-Rond et Ainay-le-Vieil : le village de ce nom est dans l'Allier, où le chemin de fer entre en quittant le Cher. Parcours, 67 kilomètres.

4° Le chemin de fer *de Bourges à Moulins* dessert Moulins-sur-Yèvre, Savigny-en-Septaine, Avord, Bengy, Nérondes, la Guerche, le Guétin et Saincaize. Parcours, 59 kilomètres.

D'autres chemins de fer, en projet ou en construction, relieront : Bourges à Gien (70 kilomètres), par Henrichemont et Argent ; Argent à Beaune-la-Rolande (26 kilomètres dans le Cher), par Sully-sur-Loire ; Bourges à Avallon (46 kilomètres dans le département), par les Aix-d'Angillon et Sancerre ; Issoudun à Saint-Florent (12 kilomètres dans le Cher), par Chârost ; Saint-Amand à la Guerche (70 kilomètres dans le Cher), par Charenton et Sancoins ; Châteaumeillant à Saint-Amand (31 kilomètres dans le Cher) ; Tours à Montluçon (16 kilomètres dans le Cher), par Châteaumeillant ; Salbris à Argent (17 kilomètres dans le Cher).

Les voies de communication comptent 5,818 kilomètres, savoir :

| 4 chemins de fer | 159 kil. |
| 8 routes nationales | 492 |

52 chemins de grande communication . . . . ·. 1,413
72 chemins d'intérêt commun 1,518
1077 chemins vicinaux ordinaires 1,832
2 rivières navigables 94
3 canaux 310

XIII. — Dictionnaire des communes.

Achères, 595 h., c. d'Henriche-mont.

Ainay-le-Vieil, 462 h., c. de Saulzais-le-Potier. ⟶ Mosaïque romaine de 10 mèt. d'étendue. — Château de la Renaissance bien conservé (mon. hist. [1]), flanqué de tours plus anciennes.

Aix-d'Angillon (Les), 1,658 h., ch.-l. de c. de l'arr. de Bourges, sur le Colins, affluent de l'Yèvre. ⟶ Église romane du XI° s. (mon. hist.), type de l'architecture berrichonne du moyen âge. — Source curieuse à Valentigny.

Allichamps, 440 h., c. de Châteauneuf-sur-Cher. ⟶ Sous les Romains c'était une ville assez considérable, station de la voie de Bourges à Limoges. — Ancienne église.

Allogny, 1,046 h., c. de Saint-Martin-d'Auxigny.

Allouis, 880 h., c. de Mehun. ⟶ Grand menhir.

Annoix, 503 h., c. de Levet. ⟶ Aqueduc gallo-romain.

Apremont, 460 h., c. de la Guerche. ⟶ Beau château bien conservé, situé sur une hauteur qui domine l'Allier.

Arçay, 535 h., c. de Levet.

Arcomps, 698 h., c. de Saulzais-le-Potier.

Ardennais, 457 h., c. du Châtelet.

[1] On appelle *monuments historiques* les édifices reconnus officiellement comme présentant de l'intérêt au point de vue de l'histoire de l'art et susceptibles, pour cette raison, d'être subventionnés par l'État. — Les monuments celtiques ou mégalithiques sont de grandes pierres brutes appelées *dolmens*, *menhirs*, *cromlechs*, ou des monticules factices appelés *tumulus*.

⟶ Découverte d'antiquités. — Ancienne chapelle de Templiers.

Argent, 1,551 h., ch.-l. de c. de l'arrond. de Sancerre, sur la Sauldre. ⟶ Château à tourelles qui a appartenu à Sully. — Église à flèche remarquable; chœur et nef du XV° s.

Argenvières, 542 h., c. de Sancergues. ⟶ Château ruiné.

Arpheuilles, 505 h., c. de Charenton.

Assigny, 702 h., c. de Vailly.

Aubigny-Village, 1,118 h., c. d'Aubigny.

Aubigny-Ville, 2,542 h., ch.-l. de c. de l'arrond. de Sancerre, sur la Nère. ⟶ Église ogivale du XIII° s. à 3 nefs. — Trois anciens châteaux. — Jolies maisons en bois sculpté du XV° s.

Aubinges, 672 h., c. des Aix-d'Angillon.

Augy-sur-Aubois, 1,045 h., c. de Sancoins. ⟶ Ancien château bien conservé.

Avord, 597 h., c. de Baugy. ⟶ Église du XI° s. — Camp d'instruction, pouvant renfermer 4,000 à 5,000 soldats.

Azy, 1,215 h., c. de Sancergues. ⟶ Église romane dont le clocher est remarquable.

Bannay, 876 h., c. de Sancerre. ⟶ Château moderne dont les jardins ont été dessinés par Le Nôtre.

Bannegon, 1,064 h., c. de Charenton. ⟶ Château élégant.

Barlieu, 1191 h., c. de Vailly.

Baugy, 1,615 h., ch.-l. de c. de l'arrond. de Bourges, sur un étang d'où sort l'Yèvre. ⟶ Restes du camp romain d'Alléan, formant un quadrilatère irrégulier. — Ruines d'un vaste château.

Beddes, 357 h., c. de Châteaumeillant.

Beffes, 547 h., c. de Sancergues. ⟶ Château moderne de Maisonfort,

Cathédrale de Bourges.

où sont conservées des mosaïques remarquables trouvées sur l'emplacement d'une villa romaine. — Ruines du château du Fort.

Belleville, 630 h., c. de Léré. ⟶ Constructions gallo-romaines.

Bengy-sur-Craon, 1562 h., c. de Baugy.

Berry-Bouy, 866 h., c. de Mehun.

Bessais-le-Fromental, 956 h., c. de Charenton. ⋙ ➤ Château des Barres ; fossés alimentés par l'étang du même nom.

Blancafort, 1,504 h., c. d'Argent.

⋙ ➤ Château du XVIᵉ ou du XVIIᵉ s.

Blet, 1,465 h., c. de Nérondes. ⋙ → Restes de l'aqueduc romain qui amenait les eaux de Blet à Bourges, distant de 54 kilomètres. — Église romane du XIᵉ s., ornée de belles sculptures

Intérieur de la cathédrale de Bourges.

(chapiteaux de colonnes). — Ruines d'un château.

Boulleret, 1,714 h., c. de Léré. ⋙ → Vestiges d'une villa gallo-romaine, à l'entrée du parc du Peseau. — Château moderne du Pe-

seau. — Château féodal de Buranlure.

Bourges, 35,785 h., ch.-l. du départ. par 0° 3' 45" de longitude E., 47° 4' 59" de latitude N., en amphithéâtre sur une colline dont le sommet est occupé par la cathédrale et dont l'Yèvre, l'Auron et

leurs dérivations baignent la base.
➡➡➡ Bourges a conservé des débris importants de ses *remparts* du iv° s., dont le périmètre est déterminé à peu près par les rues des Bourbonnoux, Mirebeau, des Toiles, des Arènes, par la vallée Saint-Paul, l'esplanade Saint-Michel, les jardins de l'archevêché et le chœur de la cathédrale. Malheureusement presque partout ces précieux restes sont cachés par des pâtés de maisons ; mais on en peut voir une partie considérable à l'hôtel de Jacques Cœur.

Cathédrale Saint-Étienne (mon. hist.), un des plus beaux édifices gothiques, admirable surtout par l'aspect important de son quintuple portail et par la majesté et l'harmonie de ses nefs intérieures. Elle n'a pas de transsept. Projetée dès 1172, commencée dans les premières années du xiii° s., consacrée en 1324, mais terminée seulement sous Louis XII, elle a 114 mèt. de longueur, 37 mèt. de hauteur sous voûte, et se compose de cinq nefs dont les bas-côtés font le tour du chœur. Les portails, précédés d'un large escalier, et tous de décoration diverse, offrent dans leurs statues et leurs bas-reliefs des scènes du Nouveau-Testament, du Jugement dernier, et les vies de la Sainte-Vierge, de saint Ursin, de saint Guillaume et de saint Étienne. Les deux tours, que sépare une immense fenêtre du xiv° s., sont inachevées et de hauteur inégale. La plus haute, celle de gauche (65 mèt.), porte sur sa plate-forme un curieux ouvrage de cuivrerie du xvi° s., abritant le timbre de l'horloge ; celle de droite, dite tour Sourde, s'appuie sur un éperon qui a servi d'oubliettes et où se voit un cadran d'horloge du xvi° s. Outre les grands portails, la basilique possède deux portes latérales d'un style charmant, débris de la cathédrale qui existait au xii° s. Le chœur, bâti au-dessus des fossés primitifs de la ville, est supporté par une spacieuse crypte du xiii° s., qui enveloppe une crypte romane aujourd'hui réservée à la sépulture des archevêques. Dans ce chœur inférieur ont été recueillis divers objets d'art,

entre autres une petite verrière de la fin du xii° s. (l'Adoration des Mages et la Visitation), des fragments de *vitraux* (xv° s.) de la Sainte-Chapelle, des statues tombales (entre autres celles du duc Jean et de sa femme) et un beau *saint-sépulcre* de la Renaissance. Des colonnes élégantes, appliquées extérieurement contre le chœur inférieur, soutiennent en encorbellement les petites chapelles de l'abside supérieure.

La cathédrale de Bourges possède de magnifiques *vitraux* du xiii° s., comprenant ensemble 1.610 figures de toutes les grandeurs. Ils décorent surtout le rond-point et offrent les légendes ou histoires de plusieurs saints. Le vitrail de la grande fenêtre de la façade est un don de Jean, duc de Berry. D'autres verrières, qui datent seulement des xiv°, xv° et xvi° s., sont aussi d'une grande beauté.

Nous signalerons encore, dans la cathédrale de Bourges : les grilles du chœur, bonne imitation du style du xiii° s.; quelques inscriptions tumulaires recouvrant des tombeaux de prélats ; dans la chapelle du Sacré-Cœur, où se font les offices de la paroisse, deux belles tapisseries des Gobelins ; un bénitier du xv° s. en bronze, muni de deux anses ; un second bénitier, à trois anses ; une horloge à cadran astronomique, du xv° s., dans le chœur; le buffet d'orgues (xvii° s.), etc. Les vantaux des deux portes latérales datent du xvi° s. — La sacristie, qui est fort belle, fut construite aux frais de Jacques Cœur par l'archevêque Jean Cœur, son fils. — Au N. de la cathédrale s'élève une construction capitulaire du xiii° s., fort dégradée.

L'église Notre-Dame, des xv° et xvi° s., flanquée d'une tour de la Renaissance, offre une jolie porte latérale, une grande verrière, et deux bénitiers en pierre sculptée, du xvi° ou du xvii° s. — *Saint-Bonnet* (xv° s.), que termine un déambulatoire à chapelles carrées, possède un tableau de J. Boucher (*Martyre de saint Pierre et de saint Paul*), des vitraux intéressants du xv° s. et de la Renaissance, une inscription gothique, un ancien bénitier en bronze et

Hôtel de Jacques Cœur (palais de Justice), à Bourges.

une bonne verrière moderne, style du XIIIe s. (Vie de la Vierge).—Saint-Pierre-le-Guillard (mon. hist. du XIIIe s.), remaniée, se fait remarquer par son déambulatoire à chapelles polygonales et les ogives, surhaussées par la base et très aiguës au sommet, qui relient les piliers de l'abside.

On retrouve à Bourges des vestiges de presque toutes les églises supprimées à la Révolution. — L'église des armes (XVe s.), place de ce nom, a été restaurée pour servir à l'administration militaire; il est question de la démolir. — Les débris de l'église Saint-Médard (XVIe s.), rue Saint-Marc, ont été transformés en brasserie. — Dans l'arsenal, se retrouvent des restes du couvent et de l'église (XVe s.) de l'Annonciade. — Dans un mur d'enclos, rue du Vieux-Poirier, près de la grille ou porte Saint-Michel, a été encastrée une curieuse porte du XIIe s. (mon. hist.), provenant de l'église démolie de Saint-Ursin. Le tympan représente des fables, une chasse à cheval et les signes du Zodiaque. Sur le linteau se lit cette inscription : GIRALDVS FECIT ISTAS PORTAS. — La chapelle du grand séminaire, construite sur les dessins de Mansart, est ornée d'une vaste fresque représentant l'Assomption.

Bourges a conservé un très-grand nombre de maisons des XVe et XVIe s., dont la plus remarquable est l'hôtel de Jacques Cœur (mon. hist.), aujourd'hui le palais de justice. Commencé vers 1443 par le célèbre argentier de Charles VII, il comprend trois tours de l'ancienne enceinte romaine de la ville ; ces tours, en petit appareil dans leur partie inférieure, ont été exhaussées, et l'une d'elle a été couronnée d'un étage octogonal crénelé qui lui donne l'aspect d'un donjon. Les bâtiments d'habitation, établis parallèlement aux remparts, sont précédés d'une cour entourée de portiques et d'une première façade qui donne sur la rue Jacques-Cœur. Au dessus de l'entrée, formée d'une grande et d'une petite porte, se trouvait autrefois, dans une niche, la statue équestre de Charles VII. « Une fenêtre à meneaux, dit Viollet-le-Duc,

(Dictionnaire raisonné), s'ouvre au-dessus de cette niche et éclaire la chapelle située au premier étage. Des deux côtés de la niche sont simulées deux fenêtres garnies, celle de dr., d'une figure de femme, et celle de g., d'une figure d'homme. Ces deux statues, dont le buste seul est visible par-dessus la balustrade, semblent regarder au dehors et s'enquérir de ce qui s'y passe. Sur le portail, comme sur toutes les parties de l'édifice, apparaissent les cœurs, les coquilles de pèlerin et la devise : A vaillans cœurs rien impossible. » L'entrée de l'escalier qui conduit à la chapelle est ornée de bas-reliefs représentant des prêtres ou des clercs préparant les cérémonies religieuses; la chapelle elle-même présente des fresques restaurées. Les portiques entourant la cour sont surmontés de longues salles. Le bâtiment principal, flanqué de trois tourelles d'escalier du côté de la cour et de la place Berry, renferme aussi de grandes salles éclairées par de belles fenêtres.

Parmi les bâtiments du petit collège (rue Paradis, 15) se trouve l'ancien hôtel de ville (XVe s.), flanqué d'une belle tour d'escalier. — L'hôtel Lallemand (rue des Vieilles-Prisons, 5), mon. hist de la Renaissance, remanié au XVIIe s., offre une tourelle élégante, de jolis médaillons encadrant des figures en terre cuite, et un petit oratoire. — L'hôtel Cujas (mon. hist.), rue des Arènes, 6, qui fut habité par le célèbre jurisconsulte, sert de caserne de gendarmerie. Flanqué de tourelles en encorbellement avec pilastres, il appartient à la Renaissance. — La mairie, établie dans l'ancien hôtel de la Porte, rue de la Monnaie (XVIIe s.), renferme la collection de portraits de maires et échevins conservés autrefois dans l'hôtel de Jacques Cœur. — On trouve, dans l'hôtel du Doyenné, dit M. Ch. Vasseur (Bulletin monumental, t. XXXIV), des voûtes à arceaux de pierre du XVe s.; rue du Vieux-Poirier, n° 1, une porte et une poterne ogivales sculptées de feuilles de choux frisés, également du XVe s.; rue de la Frange, en face de la rue des Ceps, une jolie tourelle en pierre, et des ogives, toujours du gothique tertiaire ; rue des Toiles, n° 15, une belle construction de la Renaissance, à deux étages. La porte, avec son vantail du temps, est remarquable. — « Les *maisons de bois* sont beaucoup plus nombreuses. Leur style accuse la fin du xv° s. et le commencement du xvi°. La rue des Toiles tout entière doit être étudiée ; il en est de même de la rue Mirebeau et de la rue Bourbonnoux. On doit aussi remarquer : sur la place Notre-Dame, les n°° 4 à 10 ; rue Porte-Neuve, le n° 25 ; rue Cours-Sarlon, le n° 48, et la maison qui fait face ; rue Saint-Bonnet, les n°° 1, 3, 5, 11 et 13 ; la rue Poë-

Ancien hôtel de ville de Bourges.

lerie ; rue Poissonnerie, le n° 14. La rue Saint-Sulpice mérite aussi une étude sérieuse, » surtout le n° 17, où sont figurés en bas-reliefs des sujets religieux. De beaux vantaux de porte du xv° s. existent encore dans cette dernière rue.

Les monuments modernes les plus remarquables sont l'*obélisque* élevé dans le jardin de l'archevêché, à la mémoire du duc de Béthune-Charost (an X); le *petit séminaire* (1847-1855); le théâtre (1858); l'abattoir (1862) ; la fonderie militaire (1863) ; la pyrotechnie (1867) ; l'école et l'hôpital militaires (1875-1878); la maison d'aliénés de Beauregard (1874); le Château-d'Eau (1864).

Belles *promenades : jardin de l'archevêché*, dessiné par Le Nôtre; le *Mail; cours Beauvoir*, etc. — *Château d'eau* (1867). — *Butte d'Archelé*, sorte de tumulus. — *Grotte Sainte-Blandine*, enclavée dans une maison particulière. — *Château de Montifault*, où est installée l'école d'application d'artillerie.

Bouzais, 224 h., c. de Saint-Amand.

Brécy, 999 h., c. des Aix-d'Angillon.

Brinay, 633 h., c. de Lury.

Brinon, 1,586 h., c. d'Argent.

Bué, 901 h., c. de Sancerre.

Bussy, 842 h., c. de Dun-sur-Auron.

Celle-Bruère (La), 1,292 h., c. de Saint-Amand. ➠ Église romane intéressante du xie s. (mon. hist.). — Bâtiments de l'ancienne abbaye de Noirlac, affectés à une fabrique de porcelaine ; église très-vaste et assez bien conservée, de l'époque de transition du xiie au xiiie s.; cloîtres splendides (mon. hist.) du xiiie s.

Celle-Condé (La), 687 h., c. de Lignières.

Cellette (La), 589 h., c. de Saulzais.

Cerbois, 650 h., c. de Lury.

Chalivoy-Milon, 904 h., c. de Dun-sur-Auron. ➠ Église romane.

Chambon, 525 h., c. de Châteauneuf.

Chapelle-d'Angillon (La), 869 h., ch.-l. de c. de l'arr. de Sancerre, sur la Petite-Sauldre. ➠ Château très-remarquable, un des plus anciens du département, augmenté au xve s., puis au commencement du xviie, par Maximilien de Béthune ; une des tours, haute de 50 mèt., porte le nom de Sully.

Chapelle-Hugon (La), 746 h., c. de la Guerche. ➠ Ancien château féodal de Grossouvre, parfaitement restauré, appartenant à M. Aguado.

Chapelle-Montlinard (La), 538 h., c. de Sancergues.

Chapelle-Saint-Ursin (La), 724 h., c. de Mehun.

Chapelotte (La), 622 h., c. d'Henrichemont.

Charenton-sur-Cher, 1,828 h., ch.-l. de c. de l'arrond. de Saint-Amand. ➠ Église romane du xie s., au clocher en pierre.

Charentonnay, 865 h., c. de Sancergues. ➠ Château à tourelles des Trois-Brioux.

Charly, 884 h., c. de Nérondes. ➠ Tombe de chevalier dans le cimetière (mon. hist.).

Chârost, 1,553 h., ch.-l. de c. de l'arrond. de Bourges, sur l'Arnon. ➠ Église romane. — Château ruiné.

Chassy, 939 h., c. de Baugy. ➠ Dans l'église, fresques fort curieuses du xve s.

Châteaumeillant, 3,468 h., ch.-l. de c. de l'arrond. de Saint-Amand, sur la Sinaise. ➠ Voies romaines d'Avaric à Limoges et d'Argenton par Avaric à Clermont. — Église romane ornée d'une abside composée de sept absidioles (mon. hist.).

Châteauneuf-sur-Cher, 2,665 h., ch.-l. de c. de l'arrond. de Saint-Amand. ➠ Somptueuse église moderne, style du xive s. — Château fort étendu, bâti au xvie s. — A Pont-Jarnes, sur la route de Levet, dans un champ, existent neuf tombelles. On en a fouillé une dans laquelle étaient plusieurs couches de squelettes avec des bracelets.

Châtelet (Le), 2,216 h., ch.-l. de c. de l'arrond. de Saint-Amand, sur le Portefeuille.

Chaumont, 131 h., c. de Charenton.

Chautay (Le), 616 h., c. de la Guerche.

Chavannes, 274 h., c. de Châteauneuf.

Chéry, 560 h., c. de Lury.

Chezal-Benoît, 824 h., c. de Lignières. ➠ Église de l'ancienne abbaye de Chezal-Benoît, des xiie et xiiie s., à trois nefs, et en croix latine, en partie détruite ; voûte hardie, retombant sur des colonnes élégantes. L'abbaye de Chezal-Benoît, fondée en 1093, se mit, au xvie s., à la tête d'une réforme monastique, unie plus tard à la réforme de Saint-Maur.

Civray, 1,585 h., c. de Chârost.

Clémont, 1,096 h., c. d'Argent. ➠ Les portes de l'église sont ornées de sculptures très fines.

Cogny, 250 h., c. de Dun-sur-Auron.

Colombier, 433 h., c. de Saint-

Amand. ➡ Dans le cimetière, croix gothique remarquable.

Concressault, 631 h., c. de Vailly. ➡ Ruines féodales.

Contres, 62 h., c. de Dun-sur-Auron.

Cornusse, 778 h., c. de Nérondes.

Corquoy, 515 h., c. de Châteauneuf.

Couargues, 466 h., c. de Sancerre.

Cours-les-Barres, 1,068 h., c. de la Guerche.

Coust, 712 h., c. de Charenton. ➡ Dans le cimetière, croix élégante du xv⁰ s.

Couy, 904 h., c. de Sancergues.

Crésançay, 192 h., c. de Châteauneuf-sur-Cher.

Crésancy, 1,608 h., c. de Sancerre.

Croisy, 576 h., c. de Nérondes.

Crosses, 465 h., c. de Baugy.

Cuffy, 1,427 h., c. de la Guerche. ➡ Tour ruinée. — Magnifique pont-aqueduc du Guétin, portant au-dessus de la Loire le canal Latéral ; en amont, remarquable pont-viaduc du chemin de fer de Vierzon à Nevers.

Culan, 1,402 h., c. de Châteaumeillant. ➡ Sur la crête de la montagne où est bâti le bourg de Culan, s'élève encore le château féodal (xiv⁰ s.) des sires de Culan (mon. hist.).

Dame-Sainte, 168 h., c. de Chârost.

Dampierre-en-Crot, 685 h., c. de Vailly.

Dampierre-en-Graçay, 528 h., c. de Graçay.

Drévant, 501 h., c. de Saint-Amand. ➡ Ancienne ville gauloise, sur l'emplacement de laquelle ont été découverts cinq monuments romains, un temple, deux édifices thermaux, un théâtre et un cinquième édifice dont la destination est inconnue (mon. hist.). — En face de la ville, sur la colline qui descend au bord du Cher, camp dit le *Camp de la Groutte*, qu'on regarde comme une fortification des Bituriges.

Dun-sur-Auron ou **Dun le-Roi**, 5,001 h., ch.-l. de c. de l'arr. de Saint-Amand. ➡ Ville remontant aux temps gaulois qui a conservé quelques restes de son château-fort. — Groupe de tombelles gauloises. On en a fouillé une à 5 kilomètres du côté de Levet où étaient des sépultures. — Au hameau de Sainte-Radegonde, vestiges de camp établi par Vercingétorix pendant le siège de Bourges et appelé la *Tourotte*. — Église paroissiale de Saint-Étienne, de style roman en grande partie, et à trois nefs (mon. hist.).

Ennordres, 804 h., c. de la Chapelle-d'Augillon.

Epineuil, 1,510 h., c. de Saulzais-le-Potier. ➡ Dans le bourg, motte féodale considérable ayant 180 mèt. de pourtour sur 11 mèt. de hauteur et entourée de larges fossés.

Etréchy, 1,006 h., c. de Sancergues.

Farges-Allichamps, 421 h., c. de Saint-Amand. ➡ Dans le bois de la Baume, à Lutonnière, grotte où la tradition rapporte que les Druides pratiquaient leur culte.

Farges-en-Sepiaine, 3,408 h., c. de Baugy. ➡ Vaste camp romain, dit du *Barreau*, dont les fossés existent encore.

Faverdines, 400 h., c. de Saulzais.

Feux, 1028 h., c. de Sancerre.

Flavigny, 626 h., c. de Nérondes.

Foëcy, 1850 h., c. de Mehun. ➡ Église du xiiⁱ s.

Fussy, 520 h., c. de Saint-Martin-d'Auxigny.

Gardefort, 521 h., c. de Sancerre.

Garigny, 775 h., c. de Sancergues.

Genouilly, 1,386 h., c. de Graçay. ➡ Église de transition, avec de belles verrières du xvi⁰ s. dans les chapelles latérales.

Germigny-l'Exempt, 1,204 h., c. de la Guerche. ➡ Beau château Regnauld, bâti par Mansart.

Givardon, 1,213 h., c. de Sancoins.

Graçay, 3,168 h., ch.-l. de c. de l'arrond. de Bourges, sur le Fouzon et le Pot. ➡ Dolmen situé à 2 kilomètres de Graçay, près du Village-aux-Pois.

Groises, 480 h., c. de Sancergues.

Gron, 1,035 h., c. de Baugy.

Grossouvre, 497 h., c. de Sancoins.

Groutte (La), 206 h., c. de Saint-Amand.

Guerche-sur-l'Aubois (La), 3,517 h., ch.-l. de c. de l'arrond. de Saint-Amand.

Henrichemont, 5,575 h., ch.-l. de c. de l'arrond. de Sancerre, bâtie sur un plan régulier, sur une colline dominant la Petite-Sauldre. ➤—➤ Près de là est le bourg de Boisbelle : Sully fit construire la ville moderne. On y remarque encore la grande place de Béthune ou de Henri IV. — Fontaine publique avec élégant bassin sur la place.

Herry, 2,681 h., c. de Sancergues. ➤—➤ Ancien château d'un beau style, flanqué de deux tourelles. — A 6 kil. N.-O., sur la Vauvise, ruines de l'abbaye de Chalivoy, fondée en 1133.

Humbligny, 678 h., c. d'Henrichemont.

Ids-Saint-Roch, 1,275 h., c. du Châtelet.

Ignol, 608 h., c. de Nérondes.

Ineuil, 722 h., c. de Lignières. ➤—➤ Église classée comme mon. hist.

Ivoy-le-Pré, V. Yvoy.

Jalognes, 793 h., c. de Sancerre.

Jars, 1,670 h., c. de Vailly. ➤—➤ Église de 1552, ornée de riches vitraux (mon. hist.).

Jouet ou **Saint-Germain-sur-l'Aubois**, 1,836 h., c. de la Guerche.

Jussy-Champagne, 609 h., c. de Baugy. ➤—➤ Beau château du XVII° s., bâti sur le modèle du palais du Luxembourg, à Paris.

Jussy-le-Chaudrier, 1,184 h., c. de Sancergues.

Lantan, 353 h., c. de Dun-sur-Auron.

Lapan, 297 h., c. de Levet.

Laverdines, 225 h., c. de Baugy.

Lazenay, 881 h., c. de Lury.

Léré, 1,671 h., ch.-l. de c. de l'arr. de Sancerre, près du canal Latéral à la Loire. ➤—➤ L'église est un édifice roman avec crypte.

Levet, 1,110 h., ch.-l. de c. de l'arr. de Bourges, sur le Beugnou.

Lignières, 3,105 h., ch.-l. de c. de l'arr. de Saint-Amand, sur l'Arnon. ➤—➤ Église romane du XI° s., renfermant une belle chaire à prêcher. — Château d'un bon style, terminé en 1657 par Jean de Nouveau, surintendant des postes.

Limeux, 413 h., c. de Lury.

Lissay-Lochy, 570 h., c. de Levet.

Loye, 960 h., c. de Saulzais-le-Potier.

Lugny-Champagne, 520 h., c. de Sancergues.

Lugny-le-Bourbonnais, 141 h., c. de Nérondes.

Lunery, 1,266 h., c. de Chârost.

Lury-sur-Arnon, 800 h., ch.-l. de c. de l'arrond. de Bourges. ➤—➤ Porte fortifiée et donjon du XII° s.

Maisonnais, 914 h., c. du Châtelet.

Marçais, 702 h., c. de Saint-Amand.

Marcilly, 326 h., c. de Sancergues.

Mareuil-sur-Arnon, 1,689 h., c. de Chârost. ➤—➤ Ruines encore imposantes de l'abbaye de la Prée, fondée en 1128 sur les bords de l'Arnon. — Dans l'église, sous la table de l'autel, sculpture remarquable d'un *Christ au tombeau*.

Marmagne, 1,190 h., c. de Mehun. ➤—➤ Château moderne de Beauvoir, sur l'emplacement de l'abbaye de ce nom, fondée pour des Cisterciennes en 1234.

Marseille-lès-Aubigny, 595 h., c. de Sancergues.

Massay, 2,471 h., c. de Vierzon. ➤—➤ Restes de remparts. — Belle église, autrefois chapelle de la célèbre abbaye de Massay (fondée en 800) et datant du XIV° et du XV° s. — Auprès, curieuse petite chapelle de style romano-ogival.

Mehun-sur-Yèvre, 6,526 h., ch.-l. de c. de l'arr. de Bourges, sur la rive dr. de l'Yèvre. ➤—➤ Restes du château où a vécu longtemps et où est mort Charles VII (mon. hist.) ; deux tours, dont l'une a servi de donjon. — L'église est celle de l'ancienne collégiale ; elle est de style roman (mon. hist.). — Les murs de l'enceinte de la ville existent encore en partie, ainsi que l'horloge.

Meillant, 1,565 h., c. de Saint-Amand. ➤—➤ Le château, bâti par ordre de Georges d'Amboise, premier ministre de Louis XII, est d'un très beau style de la Renaissance ; la façade est richement décorée (mon. hist.).

Menetou-Couture, 1,793 h., c. de Nérondes. ➤—➤ Ancien château assez bien conservé. — Restes importants de l'abbaye cistercienne de Fontmorigny, fondée en 1148.

Menetou-Ratel, 1,376 h., c. de Sancerre.

Menetou-Salon, 2,552 h., c. de St-Martin-d'Auxigny. ⟶ Beau château.

Ménétréol-sous-Sancerre, 1,057 h., c. de Sancerre. ⟶ Château ruiné des Eaux-Belles.

Ménétréol-sur-Sauldre, 523 h., c. d'Aubigny.

Méreau, 890 h., c. de Lury. ⟶ Petite église du XII* s.

Méry-ès-Bois, 1,592 h., c. de la Chapelle-d'Angillon.

Méry-sur-Cher, 718 h., c. de Vierzon.

Montigny, 1,015 h., c. d'Henrichemont. ⟶ Ancienne église assez remarquable.

Montlouis, 418 h., c. de Lignières.

Ruines à Lury.

Morlac, 903 h., c. du Châtelet.

Mornay-Berry, 626 h., c. de Nérondes.

Mornay-sur-Allier, 975 h., c. de Sancoins.

Morogues, 1,331 h., c. des Aix-d'Angillon. ⟶ Dans l'église, boiserie richement sculptée (XVI* s.), provenant de l'ancienne Sainte-Chapelle de Bourges, dont elle était le banc d'œuvre.

Morthomiers, 291 h., c. de Chârost.

Moulins-sur-Yèvre, 536 h., c. de Baugy. ⟶ Église en partie romane. — Au hameau de Maubranches, vaste camp appelé le camp de César, et château moderne dominé par un vieux donjon.

Nançay, 1,157 h., c. de Vierzon. —→ Beau château (mon. hist.) du xvi° s.; galeries décorées de fresques bien conservées.

Nérondes, 2,702 h., ch.-l. de c. de l'arrond. de Saint-Amand, à la source de l'Airain.

Neuilly-en-Dun, 901 h., c. de Sancoins.

Neuilly-en-Sancerre, 1,075 h., c. d'Henrichemont.

Neuvy-Deux-Clochers, 948 h., c. d'Henrichemont. —→ Tour de Vèvre, ancien donjon.

Neuvy-le-Barrois, 628 h., c. de Sancoins.

Neuvy-sur-Baranjon, 1,195 h., c. de Vierzon. —→ A Villate, hameau de Neuvy, ont été trouvées de nombreuses briques chargées de *Graffiti* ou inscriptions tracées à la pointe, et qu'on prétend fausses.

Nohant-en-Goût, 252 h., c. de Baugy.

Nohant-en-Graçay, 775 h., c. de Graçay. —→ Près de Nohant, existe une allée couverte, monument druidique.

Noyer (Le), 1,027 h., c. de Vailly.

Nozières, 295 h., c. de Saint-Amand.

Oizon, 1101 h., c. d'Aubigny.

Orcenais, 495 h., c. de Saint-Amand.

Orval, 406 h., c. de Saint-Amand. —→ Dans l'église, croix en vermeil, donnée, dit-on, par saint Louis.

Osmery, 550 h., c. de Dun-sur-Auron.

Osmoy, 261 h., c. de Levet.

Ourouer-les-Bourdelins, 1,678 h., c. de Nérondes.

Parassy, 658 h., c. des Aix-d'Angillon.

Parnay, 115 h., c. de Dun-sur-Auron.

Patinges ou **Torteron**, 2,289 h., c. de la Guerche.

Perche (La), 658 h., c. de Saulzais-le-Potier.

Pigny, 458 h., c. de Saint-Martin-d'Auxigny. —→ Restes d'un aqueduc gallo-romain.

Plaimpied-Givaudins, 900 h., c. de Levet. —→ Église romane (mon. hist.) de Plaimpied récemment restaurée, autrefois dépendante de l'abbaye de ce nom, vaste édifice en croix latine terminé par trois absides. On y remarque, à l'extérieur, une ornementation d'arcatures à plein cintre portant sur des colonnes à chapiteaux historiés pour la plupart.

Plou, 974 h., c. de Chârost.

Poisieux, 564 h., c. de Chârost. —→ Château de Castelnau, au milieu d'une forêt percée de belles allées.

Précy, 775 h., c. de Sancergues.

Presly-le-Chétif, 560 h., c. de la Chapelle-d'Angillon.

Preuilly, 547 h., c. de Lury. —→ Camp romain sur la voie romaine de Bourges à Tours.

Préveranges, 1,827 h., c. de Châteaumeillant.

Primelles, 511 h., c. de Chârost. —→ Église romane du xi° s. — Caveau funéraire placé au milieu d'un cimetière gallo-romain.

Quantilly, 746 h., c. de Saint-Martin-d'Auxigny.

Quincy, 1,031 h., c. de Lury.

Raymond, 371 h., c. de Dun-sur-Auron.

Reigny, 588 h., c. de Châteaumeillant.

Rezay, 966 h., c. du Châtelet.

Rians, 789 h., c. des Aix-d'Angillon.

Sagonne, 760 h., c. de Sancoins.

Saint-Aignan-des-Noyers, 290 h., c. de Sancoins.

Saint-Amand-Mont-Rond, 8,499 h., ch.-l. d'arrond., sur le Cher, qui reçoit la Marmande. —→ Église de transition romano-ogivale du xii° s., avec porte romane (mon. hist.). — Église des Capucins (xvii° s.). — Du château de Montrond, qui a donné son surnom à la ville, il ne subsiste que des débris informes. C'était une place forte de premier ordre pendant les guerres du xvi° s. et de la Fronde. Louis XIV l'a fait démolir; son emplacement sert aujourd'hui de promenade publique d'où l'on a une vue magnifique. Le château avait la forme d'un quadrilatère.

Saint-Ambroix, 958 h., c. de Chârost.

Saint-Baudel, 928 h.,c. de Lignières.

Saint-Bouise, 844 h., c. de Sancerre. ➤ Beau château de la Grange, bâti sous Louis XIII ; l'un des plus remarquables du département.

Saint-Caprais, 443 h., c. de Levet.

Saint-Céols, 44 h., c. des Aix-d'Angillon.

Saint-Christophe, 381 h., c. de Châteaumeillant.

Saint-Denis-de-Palin, 685 h., c. de Dun-sur-Auron.

Saint-Doulchard, 1,075 h., c. de Mehun.

Saint-Éloi-de-Gy, 1,448 h., c. de Saint-Martin-d'Auxigny. ➤ Château de Dames, qui a appartenu à Agnès Sorel, et où Charles VII venait la visiter quand il chassait dans la forêt de Haute-Brune.

Saint-Florent-sur-Cher, 2,864 h., c. de Chârost. ➤ Château ayant l'aspect d'un château-fort, mais modernisé.

Sainte-Gemme, 870 h., c. de Léré. ➤ Château de Nozay, fondé par un trésorier de Notre-Dame de Paris.

Saint-Georges-de-Poisieux ou **Saint-Georges-Soye**, 409 h., c. de Saulzais-le-Potier.

Saint-Georges-sur-la-Prée, 809 h., c. de Graçay.

Saint-Georges-sur-Moulon, 457 h., c. de Saint-Martin-d'Auxigny. ➤ Menhir appelé la *Pierre-à-la-Femme*. — Vestiges de l'aqueduc qui conduit les eaux de Menetou à Bourges.

Saint-Germain-des-Bois, 1,094 h., c. de Dun-sur-Auron.

Saint-Germain-du-Puits ou du-Puy, 1,079 h., c. des Aix-d'Angillon. ➤ Château de Turly, construit à la fin du xv° siècle par l'archevêque de Bourges Guillaume de Cambray.

Saint-Germain-sur-Aubois, V. Jouet.

Saint-Hilaire-de-Court, 289 h., c. de Vierzon.

Saint-Hilaire-de-Gondilly, 797 h., c. de Nérondes.

Saint-Hilaire-en-Lignières, 1,870 h., c. de Lignières.

Saint-Jeanvrin, 597 h., c. de Châteaumeillant.

Saint-Just, 717 h., c. de Levet.

Saint-Laurent, 620 h.,c. de Mehun-sur-Yèvre.

Saint-Léger-le-Petit, 574 h., c. de Sancergues.

Saint-Loup-des-Chaumes, 550 h., c. de Châteauneuf-sur-Cher.

Sainte-Lunaise, 402 h., c. de Levet.

Saint-Martin-d'Auxigny, 2,586 h., ch.-l. de c. de l'arrond. de Bourges, près du Moulon. ➤ Camp romain de la Haute-Brune, le plus considérable du département du Cher, et contenant environ 112 hectares.—Petite chapelle de Bléron, reste d'un couvent, dans la forêt d'Allogny, style du xiii° s.

Saint-Martin-des-Champs, 822 h., c. de Sancergues.

Saint-Maur, 672 h., c. de Châteaumeillant.

Saint-Michel-de-Volangis, 289 h., c. des Aix-d'Angillon. ➤ Château de Turly (xv° s.).

Sainte-Montaine, 618 h., c. d'Aubigny.

Saint-Outrille, 538 h., c. de Graçay. ➤ Église romane du commencement du xi° s.; voûte retombant sur des colonnes à chapiteaux corinthiens. C'est la plus ancienne église du département.

Saint-Palais, 1,015 h., c. de Saint-Martin-d'Auxigny. ➤ Château ruiné qu'assiégea Louis-le-Gros en 1122.

Saint-Pierre-les-Bois, 888 h., c. du Châtelet.

Saint-Pierre-les-Etieux, 1,285 h., c. de Charenton. ➤ Église romane, avec clocher en pierre (mon. hist.).

Saint-Priest-la-Marche, 662 h. c. de Châteaumeillant.

Saint-Satur, 1,998 h., sur la rive g. de la Loire, c. de Sancerre. ➤ L'église paroissiale, qui appartenait à l'ancienne abbaye, est un beau monument construit entre 1360 et 1370, en style ogival. Le chœur seul a été exécuté. La voûte est haute de 27 mèt. (mon. hist.).

Saint-Saturnin, 1,534 h., c. de Châteaumeillant. ➤ Camp romain de Bagneux, de forme carrée.

Sainte-Solange, 985 h., c. des Aix-d'Angillon.

Saint-Symphorien, 556 h., c. de Châteauneuf-sur-Cher.

Sainte-Thorette, 666 h., c. de Mehun-sur-Yèvre.

Saint-Vitte, 551 h., c. de Saulzais.

Saligny-le-Vif, 557 h., c. de Baugy.

Sancergues, 1,169 h., ch.-l. de c. de l'arrond. de Sancerre, sur la Vauvise. ➤ Église romane à trois nefs et tribunes (mon. hist.).

Sancerre, 3,691 h., ch.-l. d'arrond., sur une montagne isolée de 306 mèt. dominant la rive g. de la Loire. ➤ Restes de l'ancien château des comtes de Sancerre, qui dominait la ville et s'élevait sur la montagne. La *tour des Fiefs* est la seule qui subsiste encore (mon. hist.). — Beau château moderne de Crussol. — Les remparts, rasés en 1621, ont été transformés en promenades (belle vue). — Belle porte romane, reste d'une église.

Sancoins, 4,001 h., ch.-l. de c. de l'arrond. de Saint-Amand, sur l'Aubois et le canal du Berri.

Santranges, 1,251 h., c. de Léré.

Saulzais-le-Potier, 982 h., ch.-l. de c. de l'arrond. de Saint-Amand, sur un affluent du Cher.

Savigny-en-Sancerre ou **près-Léré**, 1,950 h., c. de Léré.

Savigny-en-Septaine, 680 h., c. de Baugy. ➤ Église du XIIe s. — Maison de justice des seigneurs de Savigny (XVe s.).

Senneçay, 459 h., c. de Levet.

Sens-Beaujeu, 1,295 h., c. de Sancerre. ➤ Beau château moderne orné de tourelles.

Serruelles, 115 h., c. de Châteauneuf-sur-Cher.

Sevry, 461 h., c. de Sancergues.

Sidiailles, 1,003 h., c. de Châteaumeillant. ➤ A 600 mèt. environ au nord de l'église, vaste enceinte de terre, longue de 650 mèt., large de 200 à la gorge et parfaitement conservée. — Sur un rocher escarpé, au milieu de l'Arnon, ruines imposantes du château de la Roche-Guillebaud. — Restes de l'abbaye des Pierres, fondée vers e milieu du XIIe s.

Soulangis, 615 h., c. des Aix-d'Angillon.

Soye-en-Septaine, 535 h., c. de Levet.

Subdray (Le), 507 h., c. de Chârost. ➤ Ancienne église; belle flèche gothique.

Subligny, 970 h., c. de Vailly.

Sury-en-Vaux, 1,750 h., c. de Sancerre.

Sury-ès-Bois, 1,362 h., c. de Vailly.

Sury-près-Léré, 785 h., c. de Léré.

Tendron, 337 h., c. de Nérondes.

Thaumiers, 1,721 h., c. de Charenton. ➤ Église ogivale de transition du XIIe s., d'une riche ornementation.

Thauvenay, 566 h., c. de Sancerre.

Thénioux, 611 h., c. de Vierzon.

Thou, 527 h., c. de Vailly.

Torteron, V. **Patinges**.

Touchay, 911 h., c. de Lignières.

Trouy, 731 h., c. de Levet. ➤ On a trouvé sur cette commune un fragment de colonne milliaire portant une inscription romaine (déposée au musée de Bourges).

Uzay-le-Venon, 1,241 h., c. de Châteauneuf-sur-Cher.

Vailly-sur-Sauldre, 1,103 h., ch.-l. de c. de l'arrond. de Sancerre.

Vallenay, 1,413 h., c. de Châteauneuf-sur-Cher.

Vasselay, 915 h., c. de Saint-Martin-d'Auxigny.

Veaugues, 1,106 h., c. de Sancerre.

Venesmes, 1,038 h., c. de Châteauneuf-sur-Cher.

Veraux, 558 h., c. de Sancoins. ➤ Au hameau de Grossouvre, tour féodale du XIIIe s.

Verdigny, 525 h., c. de Sancerre.

Vernais, 493 h., c. de Charenton-sur-Cher. ➤ Une voie romaine traversait le territoire de Vernais; on en suit le tracé sur plus de 6 kilomètres.

Verneuil, 129 h., c. de Dun-sur-l'Auron.

Vesdun, 1,398 h., c. de Saulzais.

Vierzon-Village, 6,751 h., c. de Vierzon, commune composée d'un grand nombre de hameaux. ➤ Château du Fay, dominé par une tour carrée. — Tunnel du chemin de fer de Paris à

Toulouse. — Ancien château de Chaillot.

Vierzon-Ville, 8,995 h., ch.-l. de c. de l'arrond. de Bourges, sur le canal du Berry, au confluent du Cher et de l'Yèvre. ⟶ Beau pont en pierre de 8 arches. — Église du xv° s.; bénitier en bronze du xiii° s.; tableau de Boucher. — Vieilles maisons de bois. — Tertre immense environné de fossés profonds, au centre de l'enceinte dite *du Château*. — Restes de l'ancien château construit sous Philippe Auguste, consistant en deux tours et la porte d'entrée qui sert d'horloge et de prison.

Vignoux-sous-les-Aix, 545 h., c. de Saint-Martin-d'Auxigny.

Vignoux-sur-Baranjon, 1,417 h., c. de Vierzon. ⟶ Château ruiné de Villeménard.

Villabon, 853 h., c. de Baugy. ⟶ Nombreuses excavations souterraines que l'on regarde comme ayant servi d'habitations aux premières peuplades de la Gaule. — Ancien château de Savoye, flanqué de cinq grosses tours restaurées.

Villecelin, 328 h., c. de Lignières.

Villegenon, 851 h., c. de Vailly. ⟶ Beau château du xvi° s.

Villeneuve-sur-Cher, 723 h., c. de Chârost. ⟶ A 2 kil. de Saint-Florent, au milieu des bois, entre Villeneuve et Saint-Florent, monument mégalithique appelé la *Pierre de la Roche*, qui est une allée couverte.

Villequiers, 1,290 h., c. de Baugy.

Vinon, 727 h., c. de Sancerre.

Vorly, 502 h., c. de Levet. ⟶ Ruines du célèbre château de Bois-Sire-Amé.

Vornay, 715 h., c. de Baugy.

Vouzeron, 895 h., c. de Vierzon.

Yvoy-le-Pré, 2,522 h., c. de la Chapelle-d'Angillon. ⟶ Beau château moderne, construit par M. de Sacy.

1149 — Imprimerie A. Lahure, rue de Fleurus, 9, à Paris.

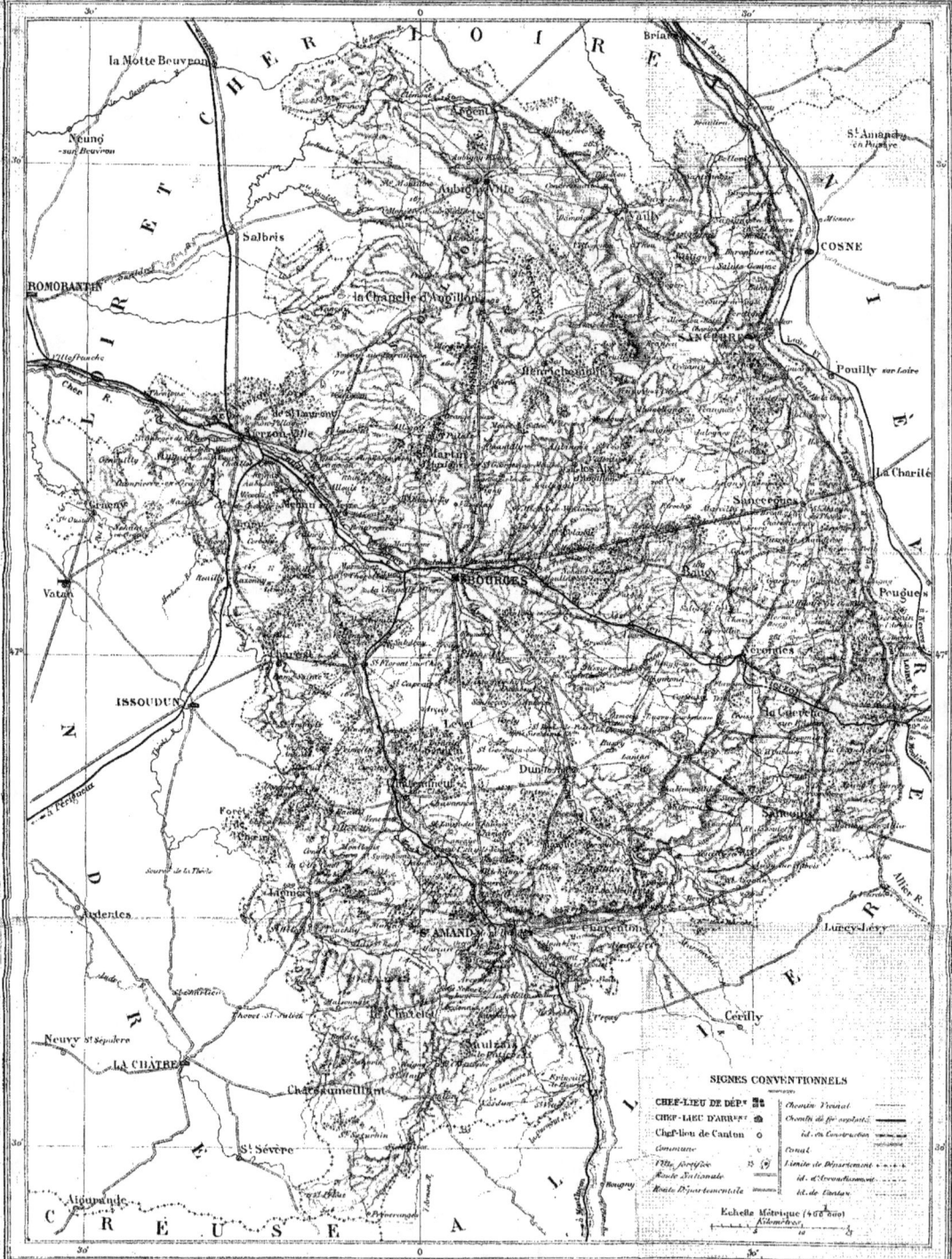

France par ADOLPHE JOANNE

Les chiffres indiquent la hauteur en mètres au-dessus du niveau de la mer

la Motte Beuvron

Neung-sur-Beuvron

ROMORANTIN

Salbris

la Chapelle d'Angillon

Villefranche

de St Laurent

Vierzon

Vatan

ISSOUDUN

Aubigny-Ville

Henrichemont

Mehun

BOURGES

St Florent

St Germain

Levet

Dun-le-Roi

Charenton

Forêt de Meillant

Lignières

Ardentes

Neuvy St Sépulcre

LA CHÂTRE

Châteaumeillant

St Sévère

Aigurande

St AMAND-Mont-Rond

La Celle

Culan

St Palais

Maulorais

Epineuil

Rougny

Cérilly

Lurcy-Lévy

LOIRE

Briare

St Amand en Puisaye

COSNE

SANCERRE

Pouilly sur Loire

La Charité

Sancergues

Nérondes

la Guerche

Pougues

NIÈVRE

ALLIER

Allier R.

SIGNES CONVENTIONNELS

CHEF-LIEU DE DÉP.ᵗ		Chemin Vicinal
CHEF-LIEU D'ARR.ᵗ		Chemin de fer exploité
Chef-lieu de Canton	○	id. en Construction
Commune	∨	Canal
Ville fortifiée		Limite de Département
Route Nationale		id. d'Arrondissement
Route Départementale		id. de Canton

Échelle Métrique (1/468.800)
Kilomètres

LIBRAIRIE HACHETTE ET Cie

A PARIS, BOULEVARD SAINT-GERMAIN, 79

NOUVELLE COLLECTION DES GÉOGRAPHIES DÉPARTEMENTALES

PAR AD. JOANNE

FORMAT IN-12 CARTONNÉ

Prix de chaque volume . . . . 1 fr.

(Novembre 1880)

72 départements sont en vente

EN VENTE

Ain	11 gravures,	1 carte.	Isère	10 gravures,	1 carte.
Aisne	20	1	Jura	12	1
Allier	27	1	Landes	11	1
Alpes-Maritimes	15	1	Loir-et-Cher	13	1
Ardèche	12	1	Loire	16	1
Ariége	8	1	Loire-Inférieure	18	1
Aube	14	1	Loiret	22	1
Aude	9	1	Lot	8	1
Basses-Alpes	10	1	Lot-et-Garonne	12	1
Bouch.-du-Rhône	24	1	Maine-et-Loire	22	1
Calvados	11	1	Manche	15	1
Cantal	14	1	Marne	12	1
Charente	15	1	Meurthe — et —		
Charente-Infér.	14	1	Moselle	16	1
Cher	12	1	Morbihan	15	1
Corrèze	11	1	Nièvre	9	1
Corse	11	1	Nord	17	1
Côte-d'Or	21	1	Oise	10	1
Côtes-du-Nord	10	1	Pas-de-Calais	9	1
Deux-Sèvres	14	1	Puy-de-Dôme	16	1
Dordogne	14	1	Pyrén.-Orient.	13	1
Doubs	15	1	Rhône	19	1
Drôme	15	1	Saône-et-Loire	25	1
Eure-et-Loir	17	1	Sarthe	16	1
Finistère	16	1	Savoie	14	1
Gard	12	1	Seine-et-Marne	15	1
Gers	11	1	Seine-et-Oise	17	1
Gironde	15	1	Seine-Inférieure	15	1
Haute Garonne	12	1	Somme	12	1
Haute-Saône	12	1	Tarn	11	1
Haute-Savoie	19	1	Var	12	1
Haute-Vienne	11	1	Vaucluse	16	1
Hautes-Alpes	18	1	Vendée	14	1
Hautes-Pyrénées	14	1	Vienne	15	1
Ille-et-Vilaine	14	1	Vosges	17	1
Indre	22	1	Yonne	17	1
Indre-et-Loire	21	1			

1563. — IMPRIMERIE A. LAHURE, RUE DE FLEURUS, 9, A PARIS.

www.ingramcontent.com/pod-product-compliance
Lightning Source LLC
LaVergne TN
LVHW022121080426
835511LV00007B/959